Propaganda als Waffe

Willi Münzenberg

Propaganda als Waffe

.

AuraBooks

– Bibliografische Information der Deutschen Nationalbibliothek –
Die Deutsche Nationalbibliothek verzeichnet diese Publikation in
der Deutschen Nationalbibliografie; detaillierte bibliografische Daten
sind im Internet über http://dnb.d-nb.de abrufbar.

IMPRESSUM

ISBN: 978-3752659368
WILLI MÜNZENBERG: PROPAGANDA ALS WAFFE
Originalausgabe 2021/2016 (Print/eBook) by © AuraBooks®
(Aus dem gleichnamigen Sammelband ›Propaganda
als Waffe‹ Ausgewählte Schriften 1919-1940)
Lektorat: Richard Steinheimer
Endlektorat und Umschlaggestaltung: *textkompetenz.net*
Covermotiv: NS-Propagandaplakat, ca. 1935
Herausgeber: © AuraBooks | eclassica@aurabooks.de
Gesetzt aus der Garamond
Herstellung und Verlag: BoD – Books on Demand – 22848 Norderstedt
Dieses Buch gibt es auch als eBook,
z. B. im amazon Kindle Bookstore

Inhalt

Über dieses Buch

IMMER, wenn zwei verfeindete Parteien sich unversöhnlich gegenüberstehen, wächst die Bedeutung von Propaganda. Nicht ohne Grund sagt man: »Das erste Opfer des Krieges ist die Wahrheit«.

In friedlichen Zeiten spielt Propaganda eine geringere Rolle, in unruhigen blüht sie. So auch heute: Noch immer toben zahlreiche Kriege weltweit, politische Auseinandersetzungen wie die Konflikte im Nahen und Mittleren Osten verschärfen sich. Kulturen und Lebensentwürfe prallen aufeinander, religiöse Fanatiker eifern; die Polarisierung in den Gesellschaften nimmt zu, enorm befeuert von Internet-Plattformen aller Art. So laufen auch heute unterschwellig stets Propaganda-Kriege: etwa in den USA bei der letzten Präsidentschaftswahl; zuletzt in Deutschland angesichts der Corona-Politik der Bundesregierung; davor was den Umgang mit Geflüchteten und Zuwanderern betrifft.

Die letzte große Welle in den Dekaden zuvor erlebte Propaganda im Kalten Krieg der Supermächte, die mächtigste aber gegen Ende der Weimarer Republik und während der Nazi-Diktatur.

Willi Münzenberg, der Autor dieses Buches, war sowohl Zeitzeuge als auch Protagonist der Propaganda-Maschinerie in den 20er und 30er Jahren: Der Münzenberg-Konzern, den er am Zenit seiner Karriere leitete, war der publizistische Gegenpol zur nazigesteuerten Hugenberg-Presse; und so wie die politischen Gegner ihre Kämpfe auf der Straße austrugen, bekämpften sich diese Meinungs-Maschinen mit Worten – mit Propaganda.

So gibt es kaum einen ausgewieseneren Kenner der Mechanismen von Propaganda als Münzenberg. Und seine Analysen, am Beispiel der Meinungs-Manipulationen durch die Nationalsozialisten, sind heute erhellender denn je.

Lesen Sie mehr über den Autor im Anhang

§ 1: Einleitung

DIE NATIONALSOZIALISTISCHE DEUTSCHE ARBEITERPARTEI hat die Propaganda in einem Umfang entwickelt wie bisher keine andere politische, wirtschaftliche oder religiöse Bewegung. An Stärke und Aufwand stellt sie sämtliche Vorläufer und Vorbilder in den Schatten, überbietet sogar den gewaltigen Propagandafeldzug der Vereinigten Staaten bei ihrem Eintritt in den Weltkrieg und hat die Kriegspropaganda, als deren Schülerin sie sich bekennt, bereits weit überflügelt und deren große Rekorde in den Jahren 1917/18 geschlagen.

Was ist Propaganda?

DIE HITLERBEWEGUNG machte die Propaganda, indem sie ihr einen völlig neuen Inhalt und Begriff gab, zu einem entscheidenden Faktor ihrer Politik. Als Ausdruck dieses neuen bestimmenden Elementes des politischen Lebens wurde das Propagandaministerium geschaffen, dem der stärkste Einfluss auf die gesamte Politik des III. Reiches eingeräumt ist.

Propaganda wurde lange und wird sogar heute noch von vielen geringschätzig angesehen, man bewertete sie oft nicht höher als irgendeine Geschäftsreklame und erblickte in Propagandisten unangenehm und aufdringlich spektakelnde Flugblattverteiler und Plakatkleber, die die Wände beschmieren. Professoren und nennenswerte Schriftsteller, die sich mit dem Problem der Kunst der Massenbeeinflussung, mit Massenpsychologie und sogar mit Propaganda selbst beschäftigten, vermochten den Begriff »Propaganda« keineswegs zu erklären. Zwei deutsche Schriftsteller, Ludwig Roselius und Stern-Rubarth, die sich um die Definition »Propaganda« in ihren Schriften bemühten, verstehen unter ihr einen »erweiterten Begriff für Reklame« oder eine »vornehmere Ausdrucksform für das dem kaufmännischen Leben entnommene Wort Reklame«. Der Schriftsteller Plenge bringt Propaganda in Gegensatz zur Reklame und bezeichnet sie als eine Werbung, »die nicht nur einen Augenblickserfolg, sondern eine dauernde Zusammenfassung und Beeinflussung der bearbeiteten Menschengruppen erreichen will.«

In Meyers ›Wörterbücher-Politik‹ schreibt Dr. Th. Heuss über Propaganda: »Propaganda, das heißt, die zweckvolle Verbreitung bestimmter Meinungen, hat es als politisches (und kirchlich-religiöses) Mittel immer gegeben«. Das ›Handbuch der neuzeitlichen Wehrwissenschaft‹ erklärt Propaganda in folgender Weise: »Propaganda *(v. lat. propagare = verbreiten)* ist Massenwerbung für geistige Gefolgschaft durch Gedanken, für die die Volksmassen durch Beeinflussung gewonnen werden sollen«. Friedrich Schönemann, ein geistiger Vater der Hitlerpropaganda, schreibt im Vorwort zu seinem Buch ›Die

Kunst der Massenbeeinflussung in den Vereinigten Staaten von Amerika‹, er wende Wort und Begriff Propaganda »in dem Sinne eines einheitlichen, planmäßigen und geordneten Verfahrens der Gedankenvertretung und Gedankenausbreitung« an.

Unbestimmter als in diesen angeführten Erklärungen kann das Wort nicht gedeutet werden.

Es ist kein Zufall, dass kein bürgerlich-politischer Schriftsteller in der Zeit vor Hitler eine klare, präzise Definition des Begriffs »Propaganda« zu geben vermochte, denn sie wurde vor Hitler von keiner bürgerlichen Partei betrieben.

Die breite öffentliche Meinung beschäftigte sich zum ersten Mal eingehender in den Jahren 1914-1918 mit Propaganda, als der Lärm der gegenseitigen Kriegspropaganda zuweilen sogar den Donner der Kanonen übertönte. Hier sind auch die Wurzeln der Hitlerpropaganda zu suchen, die sich später so mächtig entfalten sollte.

Der sozialistischen Bewegung waren Name und Begriff »Propaganda« seit langer Zeit vertrauter, weil sie ihre Wähler und Mitglieder in den großen, nach Millionen zählenden Massen der Arbeiter und Besitzlosen suchte. Massengewinnung aber ist ohne Massenpropaganda oder Massenagitation nicht möglich. Das Wort Propaganda gehört zu den gebräuchlichsten Worten des sozialistischen Wortschatzes. Im Gegensatz zur geringschätzigen Bewertung bürgerlicher Gruppen bedeutet das Wort »Propaganda« in der sozialistischen Terminologie etwas Großes, Wertvolles, Geistiges, Wissenschaftliches.

Propaganda ist hier die Bezeichnung für die Lehre von der Theorie, von der wissenschaftlichen Begründung des Sozialismus im Gegensatz zu der sozusagen angewandten Propaganda bei der Massenwerbung, Mitglieder- und Wählerwerbung oder bei der Führung des täglichen Kleinkampfes (Lohnbewegung, Streik etc.), die als »Agitation« bezeichnet wird. Im Vorwort zum Band ›Gesammelte Aufsätze über Propaganda und Agitation‹ von Lenin liest man folgende Formulierung: »Die Propaganda hat die Aufgabe, die Gesamtheit der Kampfbedingungen und Kampfziele des Proletariats in einer bestimmten Situation zu erhärten, anknüpfend an die Prinzipien des Marxismus. Die Agitation verfolgt den Zweck, diese allgemeinen Richtlinien, die sich aus den Prinzipien des Marxismus ergeben, in besonderen Knotenpunkten zusammenzufassen, sie als Aktionsparolen umzuschmieden.«

Lenin schreibt ferner, »dass der revolutionäre Propagandist im Maßstabe von Hunderten zu denken hat, der Agitator im Maßstabe von Zehntausenden, der Organisator und Führer der Revolution im Maßstabe von Millionenmassen«. Hitler gibt in seinem Buch ›Mein Kampf‹ zu, bei der aufmerksamen Verfolgung politischer Vorgänge festgestellt zu haben, dass die sozialistischmarxistischen Organisationen die Propaganda mit »meisterhafter Geschicklichkeit beherrschten und zur Anwendung zu bringen verstanden«.

Wenigstens diese Erkenntnis hat sich Hitler im Verlaufe seiner Bekanntschaft mit der Wiener Sozialdemokratie erworben, deren riesige Aufmärsche und Kundgebungen mit Hunderttausenden von Teilnehmern den stärksten und nachhaltigsten Eindruck auf ihn gemacht haben. Im unmittelbaren Anschluss an das neiderfüllte Lob auf die sozialistische Propaganda ruft Hitler schmerzlich aus: »Ich lernte verstehen, dass die Propaganda eine wirkliche Kunst darstellt, die den bürgerlichen Parteien fast so gut wie unbekannt ist.«

Wie überall hat er es aber auch in der Propaganda nie zum Künstler, sondern nur zum Handwerker gebracht. Aber die Erkenntnis von der Bedeutung der Propaganda brachte er später in den Verein »Deutsche Arbeiterpartei« mit und übermittelte sie der deutschen Reichswehr, als sie nach dem verlorenen Krieg Mittel und Wege suchte, um die Arbeiterklasse »national« zurückzugewinnen. Diese Erkenntnis war das geheimnisvolle Rezept, das Hitler gegen bare und nicht zu kleine Summen der deutschen Schwerindustrie verkaufte, die darauf ausging, die Kraft der riesig gewachsenen deutschen Gewerkschaften und der sozialistisch-kommunistischen Bewegung zu brechen.

Die nationalsozialistische Erklärung
des Begriffs ›Propaganda‹

Hitler versteht grundsätzlich etwas anderes unter Propaganda als die sozialistische Bewegung. Für ihn ist Propaganda nicht die geistige Übertragung wissenschaftlicher Erkenntnisse, nicht ein Mittel, um durch Wissen und Überzeugung kleinere oder größere Kreise von Menschen ideologisch für eine Weltanschauung zu gewinnen, Hitler teilt der Propaganda nur die Aufgabe zu, möglichst große Massen kritikloser »Anhänger«, Mitläufer, Beifallsrufer einzufangen. Je rückständiger, beschränkter die durch Propaganda gewonnenen Mitläufer sind, umso besser erscheint es Hitler, denn auf die Masse der gewonnenen Mitläufer, und zwar nur auf die Masse, kommt es der Hitlerpropaganda an.

Hitler wird nicht müde, diese Aufgabe der Propaganda zu unterstreichen und zu wiederholen, immer wieder schärft er seinen Propagandisten ein: »Die Propaganda braucht sich deshalb nicht den Kopf zu zerbrechen über die Bedeutung jedes Einzelnen der von ihr Belehrten, über Fähigkeit, Können und Verständnis oder den Charakter derselben.« (›Mein Kampf‹, Seite 652) So kompliziert die meisten Sätze in ›Mein Kampf‹ gebildet sind, hier wird klar, knapp und kurz formuliert: »Aufgabe der Propaganda ist es, Anhänger zu werben, Aufgabe der Organisation, Mitglieder zu gewinnen.« (Seite 651)

Hitler unterstreicht scharf seine Ablehnung der theoretischen Erkenntnisse in ›Mein Kampf‹ (Seite 650): »Ganz falsch wäre es allerdings, im Reichtum an theoretischen Erkenntnissen charakteristische Beweise für Führereigenschaften und Führertüchtigkeit erblicken zu wollen. Das Gegenteil trifft häufig zu.« Es geht Hitler nicht darum, Menschen durch Ideen, wissenschaftlich fundierte Theorien, Argumente zu überzeugen, eine feste, begründete Weltanschauung zu bilden und zu entwickeln, vielmehr sucht er nur, zustimmende Massen für bestimmte, meist getarnte politische Manöver durch politische Parolen und Schlagworte einzufangen.

Vom ersten Tage an war die Hitlerpropaganda eine inhaltlose, platte Agitation und ist es geblieben. Für sie trifft das Wort Stern-Rubarths zu: Propaganda ist »eine vornehmere Bezeichnung für das Wort Reklame«. Eine Reklame von riesigstem Ausmaß und größten Folgen. Hitler entwickelte seine »politische Reklame« zu einem ausgeklügelten, mächtigen System, das mit allen Kunsttricks, allen raffinierten Methoden einer Großreklame des zwanzigsten Jahrhunderts, unter besonderer Ausnutzung der Erfahrungen der Kriegspropaganda, mit allen Mitteln der modernen Werbung durch das gesprochene Wort, in Riesenkundgebungen, durch das neuzeitliche Plakat, die Schnellpresse und das Radio, mit List, Täuschung, Lüge und brutaler Gewalt skrupellos arbeitet und Massenerfolge erzielt.

Kritiklose Bewunderer der Hitlerpropaganda aber vergessen dabei das Wichtigste, dass nämlich die sichtbaren großen Erfolge der Hitlerpropaganda nur in der Gewinnung von »Anhängern«, nicht aber von geistigen und ideologischen Kämpfern für den Nationalsozialismus bestehen. Hier hat jede frühere große geschichtliche, religiöse oder weltanschauliche Bewegung weit größere Erfolge erzielt, als es der Hitlerbewegung trotz aller Raffinements ihres ausgeklügelten Propagandasystems möglich war und je möglich sein wird. Es ist kein Zufall, dass das Hitlerregime nicht einen einzigen bürgerlichen namhaften Oppositionellen zurückgewonnen hat.

Die Hitlerregierung weiß, warum sie sowohl 1936 als 1937 die Wahlen von Vertrauensleuten in den Betrieben nicht durchgeführt hat. Sie fürchtete mit Recht ein noch kläglicheres Resultat als 1935. Die ideenlose Propaganda der Hitlerbewegung kann keine Seelen erringen. Sie sieht ihre Hauptaufgabe darin, von Zeit zu Zeit unter Ausnützung eines geglückten innen- oder außenpolitischen Manövers die Volksmassen »hochzureißen«. Die Propaganda soll die als Wähler, Beifallsspender, als Arbeiter oder Soldaten notwendigen Massen heranholen, die Führung geht von dem kleinen ausgewählten Kern der »Organisatoren« aus. Hitler formulierte diese Aufgabe in ›Mein Kampf‹ (Seite 653): »Wenn die Propaganda ein ganzes Volk mit einer Idee erfüllt hat, kann die Organisation mit einer Handvoll Menschen die Konsequenzen ziehen.«

Die »Ideen« hat Hitler in ›Mein Kampf‹ entwickelt. »Haut den Juden raus! Vernichtet den Marxismus! Verschafft Euch Waffen und fallt über die reicheren Länder her!« Die »Handvoll Menschen« hat nach dem Reichstagsbrand die »Konsequenzen« gezogen.

Für den »philosophischen Aufputz« der Hitlerpropaganda plündern die Goebbels und Rosenberg die Schriften von Max Weber, Lagarde, H. St. Chamberlain, Spengler, Moeller von den Bruck und anderen, lassen sie aber gleichzeitig zum größten Teil verbieten, um den eigenen Diebstahl leichter zu verdecken. Ihre Theorien vom »deutschen und preußischen Sozialismus«, von der Artgebundenheit, von den Wurzeln des Sozialismus in der alten preußischen Pflichterfüllung von Friedrich II. als dem größten Sozialisten, ihre Blut- und Rassenlehre, ihre Behauptung von der Raumnot Deutschlands, der Hassgesang gegen die Internationale, gegen den Marxismus, ihre Behauptung von der notwendigen Synthese des Sozialismus und Nationalsozialismus etc. kehren in unzähligen Varianten verflacht in allen Schriften und Reden der Goebbels, Rosenberg und anderer nationalsozialistischer Schriftsteller wieder.

Für die Hitlerbewegung war und ist die Propaganda nicht das geistige Mittel, um die Massen aufzuklären, zu bilden, intellektuell und kulturell zu heben, sondern um sie in bestimmte Richtungen zu drängen, zu führen, zu dirigieren. »Die Propaganda ist«, erklärte Goebbels, »die Kunstform der politischen Lenkung großer Bewegungen und als solche eine spezifische Massenangelegenheit«; Hadamovsky, der Leiter des deutschen Rundfunks und zweiter Mann in der Hitlerpropaganda, schreibt: »Propaganda ist Wille zur Macht und ein Werkzeug, dessen Gebrauch die Macht über die Geister endlich wieder sicherstellt.«

Hitler verhöhnte die Anstrengungen zur Hebung des geistigen, ideologischen Niveaus der Massen, er will und braucht unselbstständige, geistlose Massen, die ihm blindlings folgen: »Man begriff nie, dass die Stärke einer politischen Partei keineswegs in einer möglichst großen und selbstständigen Geistigkeit der einzelnen Mitglieder liegt, als vielmehr im disziplinierten Gehorsam, mit dem ihre Mitglieder der geistigen Führung Gefolgschaft leisten.« (›Mein Kampf‹, S. 510)

Hitler war es bei der Propaganda um den Lärm und Spektakel zu tun, die Propaganda sollte helfen, dass man von ihm und seiner Partei spreche. »Ich habe damals den Standpunkt eingenommen, ganz gleich, ob sie über uns lachen oder schimpfen, ob sie uns als Hanswurste oder Verbrecher hinstellen, die Hauptsache ist, dass sie uns erwähnen, dass sie sich immer wieder mit uns beschäftigen und wir allmählich in den Augen der Arbeiter selber wirklich als Macht erscheinen, mit der zur Zeit allein noch eine Auseinandersetzung stattfindet. Was wir sind und was wir wollen, das werden wir eines schönen Tages der jüdischen Pressemeute schon zeigen.« (›Mein Kampf‹, S. 598)

Eine derartige Propaganda, die bewusst auf den wichtigsten Inhalt jeder Propaganda, die überzeugenden Waffen des geistigen Inhaltes der propagierten Ideen, verzichten muss, weil sie hier nämlich überhaupt nicht vorhanden sind, ist ohne Gewalt nicht denkbar und wäre a priori zur Erfolglosigkeit verdammt. Die Hitlerpropaganda hat die Gewalt als bewusst gewolltes Propagandamittel organisiert, und ihre Wortführer, wie Hadamovsky, versuchen, die Gewalt als Propagandamittel »theoretisch« folgendermaßen zu begründen: »Propaganda und Gewalt sind niemals absolut Gegenpole. Die Gewaltanwendung kann ein Teil der Propaganda sein.«

Die Gewalt wurde ein Teil, sogar der wesentliche Teil der Hitlerpropaganda und das wichtigste Mittel, um das höchste Ziel, das Hitler der Propaganda stellte, zu verwirklichen: »die neue Weltanschauung möglichst allen Menschen zu lehren, und wenn notwendig, später aufzuzwingen.«

Die Gewalt gehört zu den wichtigsten und erfolgreichsten Mitteln der Hitlerpropaganda, ja, ist vielleicht das entscheidende Mittel.

Für die Hitlerbewegung ist die Propaganda ein Mittel zum Zweck der Erreichung der Macht, die »Kunstform der politischen Lenkung großer Massen«, ein Werbesystem zur Gewinnung von Millionen Mitläufern ohne Rücksicht auf ihr »Verständnis und ihren Charakter« und, wie Hitler formuliert: »eine Waffe, wenn auch eine wahrhaft fürchterliche, in der Hand des Kenners.«

Wie in manchen anderen Fragen bestehen auch in der Definition des Begriffes »Propaganda« zwischen Hitler und dem Generalstab der deutschen Armee Meinungsverschiedenheiten. Während für Hitler die Propaganda eine Art politischer Reklame ist, lautet die Definition des Kriegsministeriums nach Dr.-Ing. Albrecht Blau, Major im »Psychologischen Laboratorium« des Reichskriegsministeriums, in einem Artikel ›Propaganda als Waffe‹ (Sonderdruck ›Deutsche Gesellschaft für Wehrpolitik und Wehrwissenschaften‹, 3. Folge, Oktober 1935) folgendermaßen: »Die Verbreitung der Werbung vollzieht sich auf akustischem oder auf optischem Wege, die Methoden ihrer Anwendung bezeichnen wir als Propaganda, als Agitation, Demonstration, Mission und Reklame. Wenn wir diese fünf Werbemethoden daraufhin untersuchen, welche Triebgrundlagen bei den Umworbenen angesprochen werden sollen, so erkennen wir:
* *dass Propaganda in der Erfüllung von Idealvorstellungen auf alle Triebe gleichmäßig gerichtet wird;*
* *dass die Agitation vornehmlich auf das Geltungs- und Vergeltungsbedürfnis gerichtet ist;*
* *dass die Demonstration das Erlebnisbedürfnis und das Machtgefühl anregen will;*
* *dass die Mission fast ausschließlich die Gläubigkeit in ihren Dienst stellt, während*
* *die Reklame sich an das Erlebnisbedürfnis sowie an das Geltungsbedürfnis wendet.«*
Der Definition des Führers wird in dieser Erklärung des Majors Blau der letzte Platz angewiesen.

Ursachen der riesigen Hitlerpropaganda

HITLER IST PROPAGANDIST, in erster Linie und vor allem Propagandist. In der Anfangsperiode seiner Bewegung, besonders nach dem missglückten Putsch 1923, hat er sich selbst wiederholt nur als Vorläufer eines »Größeren«, als Wegbereiter und »Trommler« für den kommenden »Mann« bezeichnet. Hitler schildert in ›Mein Kampf‹, wie er nach seinem Eintritt in die »Deutsche Arbeiterpartei« die Leitung der Propaganda übernahm. »Hitler hat einen fanatischen Glauben an die Wunderkraft der Propaganda.« Er glaubt, dank dieser Kraft die Macht in Deutschland errungen zu haben, hofft mit ihrer Hilfe sie erhalten und auch Deutschlands Raum vergrößern zu können. In einem Gespräch mit dem damaligen Reichskanzler Brüning über die Machtergreifung rief Hitler im Jahre 1932 erregt aus: »Ich bewerte diese Frage in erster Linie als Agitator«, worauf ihm Brüning etwas spöttelnd ins Wort fiel: »Da kann ich allerdings nicht mitreden, ich bin unfähig für jede Art von Agitation.« Wenige Monate später nahm der Agitator den Reichskanzlersitz ein. Ihren Erfolg verdankt die Hitlerbewegung der Armee der Schwerindustrie und der Propaganda, wie Hitler sie versteht.

Im Verlaufe des vierzehnjährigen Kampfes um die Macht, noch mehr aber nach Überlassung der Macht, entwickelte die Hitlerbewegung die größte, lauteste Propaganda, die ganz Deutschland mit ihrem Lärm erfüllte und weit über seine Grenzen hinaus drang. Die Not, nicht die Tugend, zwang die Hitlerbewegung zu dieser riesigen Propaganda, denn sie stand vor der nicht leichten Aufgabe, die großen Massen der Besitzlosen als Anhänger für die Bewegung zu gewinnen, trotzdem ihre elementaren Lebensinteressen den wahren Zielen der Hitlerbewegung diametral entgegengesetzt waren und sind. Die Propaganda musste im Ausland die Hitlerbewegung als solide bürgerliche, friedliche Bewegung erscheinen lassen, trotzdem die Hitlerbewegung die stärkste pan-germanistische Politik treibt und die berüchtigten Absichten der alldeutschen Welteroberer in der Vorkriegs- und Kriegszeit bei Weitem übertrifft.

Die Hitler-Propaganda machte es sich nicht zur Aufgabe, das theoretische Programm und die Ideen der Bewegung, die nicht vorhanden waren, zu propagieren, sondern die wahren Ziele der Bewegung zu verbergen und zu verschleiern. Nur ein Beispiel illustriere diese Methode: Lange Zeit verkündeten Hitler und seine Propaganda, dass er einen »Vierjahresplan habe, wenn er an die Macht käme«. Auf die Aufforderung seiner Gegner, diesen Plan endlich bekanntzugeben, erwiderte er: »Ich denke nicht daran, meinen Gegnern meine Pläne zu verraten, damit sie davon lernen können.« Aber nicht diese Furcht, man könne etwas von ihm lernen, sondern der Inhalt des Planes machte es Hitler unmöglich, ihn vor der Machtübernahme bekanntzugeben.

Heute kennen Deutschland und die ganze Welt den Plan: Die Wiederaufrüstung Deutschlands, die der Rüstungsindustrie und den Großindustriellen, Finanziers der Bewegung, Millionen und Abermillionen von Gewinnen brachte. Je mehr aber zu verbergen und zu verheimlichen war, umso größer mussten der propagandistische Aufwand, umso lauter und lärmender die Propaganda, um so raffinierter ihre Mittel und Methoden sein.

Im Jahre 1927 schrieb Hitler eine Broschüre zur Gewinnung der deutschen Industriellen, die der Senior der aggressiven, machtgierigen Ruhrindustriellen, Emil Kirdorf, unter seinem Namen herausgab und verbreitete. Im April 1937 überreichte Hitler persönlich Kirdorf zum Dank für diese Broschüre und für die vermittelten Millionen Propagandagelder der Schwerindustrie den »Deutschen Adelsschild«. Gerade deshalb aber musste Goebbels zu gleicher Zeit vor den Massen umso lauter schreien: »für die Unterdrückten, gegen die Ausbeuter«. Eine Parole, die Goebbels im Titel seiner Berliner Zeitung ›Der Angriff‹ mit Plakatschrift täglich wiederholte.

Für die Entwicklung einer großen, militärisch betonten Propaganda waren aber auch die persönlichen Initiatoren der Bewegung bestimmend. Den ersten Kern der Hitlerbewegung bildeten Offiziere, vornehmlich Offiziere aus der Propagandaabteilung und den Nachrichtenbüros der alten Armee, die auch in die neue Reichswehrleitung übernommen waren. Adolf Hitler kam aus dem gleichen Kreis. Er wurde von der Armeeleitung, unmittelbar von seinem damaligen Vorgesetzten, dem Generalstabshauptmann Röhm, den er später, am 30. Juni 1934, erschießen ließ, als »Nachrichtenoffizier«, wie Hitler in ›Mein Kampf‹ sich selbst bezeichnet, in den Münchener »Deutschen Arbeiterverein« geschickt und kam in dieser Funktion zum ersten Mal mit der »Bewegung« in Verbindung. Jene Offiziere waren wie Hindenburg und Ludendorff (Hans Thimme ›Weltkrieg ohne Waffen‹) davon überzeugt, dass die deutsche Armee nicht von der feindlichen Armee, sondern von der feindlichen Propaganda im Feld und in der Heimat besiegt worden wäre. Die Offiziere brannten darauf, die Erfahrungen aus der früher unterschätzten Propaganda, wenn nicht jetzt schon gegen den äußeren Feind, vorläufig wenigstens gegen den inneren Feind auszuwerten.

Propaganda wurde die Losung, Propaganda das Feldgeschrei der neuen Bewegung. Wie Konstantin I. das Kreuz am Himmel erschien und ihm die Stimme zurief: »In diesem Zeichen wirst du siegen«, so hörte der von seinen Anhängern als Prophet gefeierte neue Messias Hitler eine Stimme: »Propaganda, in diesem Zeichen wirst du siegen.«

Zum ersten Mal wurde Massenpropaganda für eine bürgerliche Politik entfaltet. Propaganda für die nationale Erneuerung, Propaganda für die militärische Tradition, für die Wiederaufrüstung. Die Propaganda sollte den »Roten« die Massen abjagen, die abseits stehenden unpolitischen Massen der

Kleinbürger aus dem Schlafe trommeln, die Lauen und Zögernden mitreißen, den Gegner einschüchtern.

Die ersten Erfolge der Propaganda geben den Strategen recht. Die Massen kommen, jubeln dem Führer zu, die Sturmkolonnen prügeln jeden Zwischenrufer aus der eigenen Versammlung hinaus und sprengen die Versammlungen der Gegner.

Die Propaganda erobert München, die Schlägerkolonnen der SA Coburg. Man geht auf diesem Weg weiter und weiter, immer mehr und mehr Propaganda wird aufgeboten, immer mehr Gewalt wird angewandt, um den Sieg zu erringen. In Hitler, Goebbels und anderen Führern der Hitlerbewegung wachsen der Glaube, das Vertrauen in die Propaganda als nie versagende, sichere Waffe. Immer höher wird die Propaganda als Mittel zur Erringung der Macht, bald als das Mittel eingeschätzt. Hitler kommt zur Macht durch die Propaganda. Goebbels ist davon überzeugt, Hitler ist davon überzeugt und bestätigt am 1. Januar 1934 seinem Propagandaminister, dass seine »geniale Propaganda die Stellung vorher sturmreif geschossen« hätte. »Sie machte die Menschen in ihrer bisherigen Welt irre und für eine neue reif«, er hätte »darüber hinaus aus der Propaganda eine unerhört scharfe Waffe gemacht, der im Laufe der Jahre ein Gegner nach dem anderen erlegen« wäre (Glückwunschbrief Hitlers an Goebbels am 1. Januar 1934.)

Die Propaganda ersetzt das fehlende Programm, den mangelnden Inhalt der Bewegung. Die lärmende propagandistische Auswertung der außenpolitischen Erfolge in den letzten Jahren verhilft zum Fortbestehen der Macht. Es kommt so weit, dass die Propaganda nicht der Politik dient, sondern die Politik ein Mittel der Propaganda wird. Das gleiche gilt für die Organisation. »Propaganda hat uns zur Macht verholfen, Propaganda bis heute die Macht erhalten, Propaganda wird uns die Welt erobern«, war die Losung auf dem Nürnberger Parteitag 1936, ist sie im Frühjahr 1937.

Die Grenze der Propaganda

Das Vertrauen der Hitlerbewegung in die Wunderkraft der Propaganda ist grenzenlos. Man meint, mit Hilfe der Propaganda den Anhängern den Himmel als Hölle und »umgekehrt das elendeste Leben als Paradies« (Hitler ›Mein Kampf‹) erscheinen zu lassen. Es kommt der Hitlerbewegung nicht darauf an, tatsächlich die Verhältnisse zu ändern, sondern einzig und allein sie den Volksmassen »nur anders erscheinen zu lassen«. Wichtig allein ist es, doziert die Hitlerpropaganda, dass das Volk die Illusion der Macht hat, dass die Massen glauben, sie hätten die Gewalt, sie seien die Besitzer aller Werke, Betriebe, Verlage, die Herren des »sozialistischen« Deutschlands.

Der Sonntagsausflug mit »Kraft durch Freude« und das »Pfundpaket« der Winterhilfe sollen dem Arbeiter die Illusion der »Volksgemeinschaft« geben. Diese Illusion ist das wichtigste, das entscheidende Element der ganzen

Hitlerpolitik, mit ihr steht und fällt das System. Wird diese Illusion zerstört, bricht das System zusammen. Diese lebenswichtige Illusion, die Voraussetzung für die Macht Hitlers, kann aber nur, davon sind Hitler und seine Getreuen zutiefst überzeugt, die Propaganda erzeugen und die Propaganda erhalten. Deshalb immer wieder Propaganda, Agitation, Mythos. Die Hitlerpropagandisten haben manches von dem reaktionären Psychologen Gustave Le Bon gelernt, der in seinem Buch über ›Psychologie der Massen‹ schreibt:

»In seinem schönen Buch über das römische Gallien macht Fustel de Coulanges darauf aufmerksam, dass das römische Kaiserreich sich keineswegs durch seine Kraft, sondern durch die religiöse Bewunderung erhielt, die es einflößte. »Es wäre in der Geschichte ohne Beispiel«, sagt er mit Recht, »dass eine Regierung, die von der Bevölkerung verabscheut wird, fünf Jahrhunderte gewährt hätte ... Es wäre unerklärlich, dass dreißig Legionen des Kaiserreichs hundert Millionen Menschen zum Gehorsam zwingen konnten.« Sie gehorchen aber nur, weil der Kaiser, der die Größe Roms verkörperte, einmütig als Gott verehrt wurde. Im kleinsten Flecken des Reiches besaß der Kaiser seine Altäre.«

Die Buchdruckerkunst macht es technisch möglich, dass jedem Haus und jeder Familie ein Hitlerbild als Altar des »neuen Gottes« polizeilich angewiesen werden kann.

Der deutsche Dichter Max Herrmann charakterisiert diese Aufgabe der Hitlerpropaganda treffend in dem Gedicht ›Der Magier‹:

> *Er schenkte aus einer leeren Flasche*
> *gedachten Trank in ein leeres Glas*
> *und nahm das Nichts aus leerer Tasche*
> *und nannte es Brot und schluckte und aß.*
> *Er nippte an nichtvorhandener Tasse*
> *und las ein nichtvorhandenes Blatt*
> *und überzeugte die gläubige Masse,*
> *er würde von Unsichtbarem satt.*
> *Noch kühner durch ihre Langmut geworden,*
> *schrieb er sich höhere Kräfte bei*
> *und sagte, dass er für Süden und Norden*
> *der gottgesegnete Magier sei.*
> *Er forderte plötzlich zuchtlos, vermessen,*
> *sie sollten leben, was er nur log,*
> *nur Vorgestelltes trinken und essen,*
> *Erträumtes suppen aus leerem Trog.*

Dem Reaktionär Le Bon haben die Hitlerpropagandisten auch das Rezept entnommen, die gewünschte und notwendige Illusion durch Änderung der Namen, Schilder, Farben, Zeichnungen zu verstärken, ohne an dem alten Zustand etwas zu ändern:

»Der geistreiche Tocqueville hat darauf aufmerksam gemacht, dass die Arbeit des Konsulats und Kaisertums vor allen Dingen darin bestand, die Mehrzahl der Einrichtungen der Vergangenheit mit neuen Bezeichnungen zu versehen, folglich die Ausdrücke, die in der Phantasie der Massen verhasste Bilder hervorriefen, durch mehrere andere zu ersetzen, deren Neuheit das unmöglich machte. Die »Taille« wurde zur Grundsteuer, die »Gabelle« zur Salzsteuer, die Verbrauchsteuer zu indirekten Steuern und Zöllen, die Meister- und Zunfttaxe zur Gewerbesteuer usw. Eine der wichtigsten Aufgaben der Staatsmänner besteht also darin, die Dinge, die die Massen unter ihren alten Bezeichnungen verabscheuen, mit volkstümlichen oder wenigstens bedeutungslosen Namen zu taufen ...«

Das Rezept wird von der Hitlerpropaganda eifrig befolgt. Der deutsche Unternehmer (dessen Macht und Gewinn vergrößert wurden) ist kein Unternehmer mehr, sondern der »Gefolgschaftsführer«, der weiter besitzlose Arbeiter kein Arbeiter und kein Proletarier, sondern ein Mitglied der Gefolgschaft, die Fabrik keine Fabrik, sondern eine Burg, die zu verteidigen Gefolgschaftsführer und Gefolgschaft das gleiche Interesse haben (nach Ley, Führer der Arbeitsfront). Die Ausbeutung heißt jetzt: »deutscher Sozialismus«, Knechtschaft: »Freiheit«, Diktatur: »höhere Demokratie«, Kriegsvorbereitung: »Friedenssicherung«, Lüge: »Wahrheit«.

Die Hitlerpropaganda hofft umso mehr auf die Wunderkraft ihrer Zauberlampe, als eine mächtige Polizei versucht, hermetisch die Grenze abzuschließen und jede Äußerung zu unterdrücken, die geeignet wäre, die Magie der Illusion zu zerstören. »Nicht die innere Wahrheit im Wort selbst straft das Gesprochene Lügen, sondern allein ein neues Wort, das gegen das alte gesetzt wird. Um aber dieses neue Wort zu glauben, müssen Menschen und Massen es hören und begreifen«. (Hadamovsky) Die Hitlerpropagandisten glauben allein durch »Fernhaltung« des neuen Wortes »die Wirkung ihrer Propaganda auf ewig zu sichern«. Die Hitlerpropaganda überschätzt ihre Wirkungsmöglichkeit im In- und Ausland.

Es ist kein Zufall, dass die Hitlerpropaganda in England, in den Vereinigten Staaten, in Skandinavien und vielen anderen Ländern trotz riesiger Anstrengungen und des Einsatzes gewaltiger Mittel nur bedingt Massenerfolge erzielt. Größer sind die Erfolge in den Ländern, in denen besondere nationale Probleme, Minderheitenfragen die Hitlerpropaganda objektiv begünstigen (Elsass-Lothringen, Tschechoslowakei, Sudetendeutsche, Österreich). Solange noch die Möglichkeit besteht, dem Wort der Hitlerpropaganda ein »neues Wort« entgegenzusetzen, das von den Massen gehört und begriffen werden kann, sind die Chancen der Hitlerpropaganda in politisch geschulten Kreisen begrenzt und wären noch geringer, wenn der straff zentralisierten, einheitlich geleiteten und mit großen Mitteln ausgestatteten Hitlerpropaganda eine gleich starke und einheitlich geleitete Gegenpropaganda entgegengesetzt würde.

Der Hitlerpropaganda sind aber nicht nur im Ausland, sondern auch in Deutschland selbst Grenzen gezogen.

Auf die Dauer vermag auch die lärmendste und raffinierteste Propaganda über die tatsächlichen Verhältnisse eines Landes nicht hinwegzutäuschen und die Wirkungen nicht aufzuheben, die auf Grund der tatsächlichen wirtschaftlichen und sozialen Verhältnisse entstehen. Die beste Illustration zu dieser durch die Geschichte hundertfältig bewiesenen Feststellung ist Hitlerdeutschland.

Wenn Hitler in seiner Reichstagsrede vom 30. Januar 1937 behauptet, dass in fast allen Ländern schwere soziale und wirtschaftliche Kämpfe toben, während das »neue Deutschland« friedlich, ruhig und sozial glücklich die »Segnungen einer neuen Demokratie und Aussöhnung der Klassen genieße, so spricht hier die Hitlerpropaganda, aber nicht die Wahrheit. In Wirklichkeit wird täglich, stündlich gerade in Deutschland der schärfste und erbittertste Kampf geführt, der umso erbitterter ist, als er sich heute noch vor allem unterirdisch abspielt und nur in Lohn- und Betriebsbewegungen wie in Kundgebungen gegen das spanische Abenteuer einer breiten Öffentlichkeit sichtbar wird.

Allein die Tatsache, dass sich im »friedlich, versonnen, glücklich dahin träumenden Hitlerdeutschland« das System gezwungen sieht, über 200.000 politische Gefangene in den Zuchthäusern zu halten, unter ihnen Katholiken, Demokraten, Deutschnationale und allein 2000 Mitglieder einer völlig unpoli tischen, keineswegs in irgendeiner Form aktiven, religiösen Gesellschaft wie der »Bibelforscher«, liefert den dramatischen Beweis für den in der Tiefe grollenden und täglich zunehmenden erbitterten Kampf breiter Massen des deutschen Volkes gegen das Regime. Keine noch so lärmende Propaganda kann diese Tatsache aus der Welt schaffen oder gar die Ursachen beseitigen. Den großen Umfang und Ernst dieser Kämpfe verrät ein Aufsatz in der vom Reichsjustizminister herausgegebenen Zeitschrift ›Deutsche Justiz‹ (Ausgabe erste Januarwoche 1937). Hier werden die verschiedenen Polizeimaßnahmen und Verfügungen in Erinnerung gebracht, die 1936 in zahlreicher Folge erlassen werden mussten: zur »Bekämpfung der Mundpropaganda«, zur »Bekämpfung des Hochverrats«, in »kirchenpolitischen Strafsachen« und »Heimtückesachen«.

Der Artikel stellt fest, dass die Strafsachen »Verächtlichmachung der Bewegung«, »Erzählen von Gräuelmärchen« seit 1935 in dauernder Zunahme begriffen sind. Das sind andere Tatsachen, als sie Hitler am 30. Januar 1937 Deutschland und der Welt vorzutäuschen versuchte. Wie stark die unterirdische Opposition ist, geht allein schon aus der Feststellung des Aufsatzes hervor, dass »die Gesellschaft der ernsten Bibelforscher« zu einer ernsten Gefahr geworden sei.

Die Grenzen propagandistischer Wirkung muss auch die deutsche Armeeleitung feststellen, die sich bemüht, durch propagandistische und psychologische Bearbeitung der Rekruten und Soldaten ein »für alle Fälle« sicheres Heer zu schaffen, das ähnliche revolutionäre Erhebungen wie im zaristischen oder wilhelminischen Heer für das deutsche Heer im kommenden Krieg ausschließt. Aber schon der »preußische Drill« und die ungewöhnlich harten körperlichen Strapazen in der Friedenszeit machen alle propagandistischen Anstrengungen zunichte, erfüllen weite Teile der Armee mit bitterer Unzufriedenheit und treiben sogar einst begeisterte Hitleranhänger, wie den Sohn des deutschen Botschafters in Paris, Welczeck, in den Selbstmord.

Die nationalsozialistischen Propagandafetischisten können auf der dünnen Schicht, die heute über dem kochenden und grollenden Vulkan liegt, Zaubertänze aufführen und in bunter Reihe immer wieder singen: »Unter uns ist alles Ruh' und Frieden. Wir sind das freieste Volk hienieden«, der Tag kommt, wo die im Innern brodelnden Gluten emporschlagen und mit dem System Hitler das verwirrende Irrlicht und agitatorische Blendwerk der Neuzeit, die Hitlerpropaganda, verzehren werden.

Die Weltgefahr der Hitlerpropaganda

Die Grenzen jeder Propaganda, und der Hitlerpropaganda im Besondern, dürfen nicht über die große Gefahr hinwegtäuschen, die die Hitlerpropaganda für das deutsche Volk und die Welt bedeutet.

Das Hitlersystem hat nach vierjähriger diktatorischer Regierung und autarker Wirtschaft mit schwersten wirtschaftlichen, finanziellen und sozialen Schwierigkeiten zu kämpfen wie keine andere deutsche Regierung in Friedenszeiten je zuvor. Das System versucht, einen Ausweg zu finden, indem es das Lebensniveau der schaffenden deutschen Volksschichten bis zu Grenzen senkt, die auf die Dauer nicht zu ertragen sind, und indem es gleichzeitig Erpressungen gegenüber dem Ausland begeht, um von ihm Hilfe in Form von Anleihen, Zuteilung von Rohstoffgebieten und Kolonien zu erhalten. Die in einem rasenden Tempo durchgeführte riesige Aufrüstung und die ebenso fieberhaft betriebene Kriegserziehung des Volkes beweisen, dass das Hitlersystem mit dem Krieg als dem unvermeidlich letzten Ausweg rechnet, um, nach den Worten des Wirtschaftsministers Schacht, einer »Explosion« im Innern zu entgehen.

Diese Tendenz bestimmt den Hauptinhalt der gegenwärtigen Hitlerpropaganda, die sich bemüht, die Massen des deutschen Volkes für den kommenden Krieg psychologisch zu trainieren, zum Durchhalten zu schulen und mit Hilfe der im Ausland betriebenen Propaganda Verbündete zu finden, einen Teil der

Länder zu neutralisieren, andere Länder aber, gegen die sich der erste Stoß des »Blitzkrieges« richten soll, zu unterminieren und sturmreif zu machen.

Die Hitlerpropaganda ist die gewaltigste Kriegspropaganda, die mit größten Geldmitteln arbeitet und sich, wie sonst nirgends, alle Propagandaerfahrungen des Weltkrieges zunutze zu machen sucht. Sie hat die Schlussfolgerungen für den täglichen Kampf und die Arbeit aus der Erkenntnis gezogen, dass im kommenden Krieg die Rotationsmaschinen und das Radio noch wichtiger sein werden als die Kanonen und Tanks, dass der Krieg vor allem nicht erst mit dem Abfeuern des ersten Schusses beginnt, sondern bereits Jahre zuvor mit der politischen Einkreisung und propagandistischen Zersetzung des Gegners.

Besonders nach dem Nürnberger Parteitag 1936, der offiziell den Propagandasturm gegen die Demokratien, die Staaten mit Volksfront-Regierungen und gegen die Sowjetunion verkündete, ist die Hitlerpropaganda durch die sich täglich steigernde Kriegspropaganda zu einer unmittelbaren Gefahr für den Weltfrieden und für die Unabhängigkeit und Freiheit kleiner Nationen geworden. Die Hitlerpropaganda dient der Kriegsvorbereitung und immer wieder der Kriegsvorbereitung. Der Wehrwissenschaftler Prof. Banse weist in seinem Buch ›Raum und Volk im Weltkrieg‹ darauf hin, dass die wichtigste Kriegspropaganda im Frieden zu leisten ist. Er schreibt:

»Gute Propaganda muss schon im Frieden einsetzen und sich so auswirken, dass das sie veranlassende Volk bereits bei der Kriegserklärung die Früchte erntet. Die Propaganda während des Krieges soll nur die zielbewusste und nunmehr allerdings stürmischere Fortsetzung der Friedenspropaganda sein.«

»Schon im Frieden muss Völkerpsychologie ihre klug und vorsichtig geleitete Tätigkeit beginnen; je weniger man von ihr unmittelbar bemerkt, umso höher ist ihre Wirksamkeit einzuschätzen. Sowohl Politik wie Kriegführung müssen sich ihrer bedienen. Feste Auslandshilfsstellen müssen feindliche und neutrale Länder mit einem engen Netz unauffälliger Beeinflussung überziehen und sich aller Mittel bedienen, die für ihre Zwecke geeignet erscheinen, Presse und Rundfunk, Kino und Spionage, gemeinnützige Einrichtungen und Bestrebungen. Im Rundfunk z. B. sind Sender von allergrößter Stärke vonnöten, welche die gesamte feindliche Rundfunkpropaganda mit einem einzigen Schlage auslöschen. Jedes Mittel ist hier recht, die seelische Haltung des Feindes von vornherein und tiefschürfend zu untergraben, die eigene dagegen zu stärken.«

Und je brutaler, rücksichtsloser diese Propaganda schon in Friedenszeiten geführt wird, umso besser, um so vorteilhafter für die angreifende Armee.

Die nationalsozialistischen Attentate in Österreich, die Ermordung des Kanzlers Dollfuß, zahlreiche Anschläge und Morde in anderen Ländern beweisen, dass die Hitlerpropaganda auch in der Auslandspropaganda ihrem Grundsatz treu bleibt, »dass sich Propaganda und Gewalt nicht ausschließen, sondern ergänzen«. Diese Tatsachen, wie der Entschluss, die propagandistische Tätigkeit im Ausland noch um ein Vielfaches zu steigern – die Ernennung des Leiters der Auslandsdeutschen-Organisationen, Bohle, zum Ministerialdirektor spricht u. a. für diesen Kurs –, vergrößern die Gefahr der Hitlerpropaganda für alle Völker und haben bereits in verschiedenen Ländern zu Protesten und teilweise zu behördlichen Maßnahmen gegen die Agenten der Goebbels, Bohle, des Spionagechefs Oberst Nicolai und des Polizeigenerals Himmler geführt.

Am 9. Februar 1937 veröffentlichte der englische Geistliche A. J. Cummings in ›News Chronicle‹ einen Aufsatz über Propaganda, in dem er einleitend feststellte, dass wir »im Zeitalter der organisierten Propaganda leben« und die Propaganda der »Hauptschrecken des kommenden Krieges wird«; er wies darauf hin, dass die »deutsche Regierung in den beiden letzten Jahren Millionen Mark für pro-Nazi- und pro-deutsche Propaganda in England ausgegeben hat«.

Lord Winston Churchill signalisierte nach der Hitlerrede vom 30. Januar 1937 die große Gefahr der Hitlerpropaganda für die tschechoslowakische Republik und wies darauf hin, dass die reglementierte deutsche Presse Befehl hat, »die Tschechoslowakei tot zu schreiben«. Winston Churchill hob mit Nachdruck hervor, in welcher furchtbaren Gefahr sich heute die Welt durch die Hitlerpropaganda befindet. »Und nun bedenken wir, dass nur der Wille eines einzigen Mannes erforderlich ist, um mittels einer Handvoll an ihn geketteter Beschwörer und einer Horde verwegener Agenten dieselbe Propaganda mit all ihrer Sprengkraft jederzeit auch gegen Belgien oder Holland, gegen Schweden oder die Schweiz zu richten ...«

Das Ausmaß der Hitlerpropaganda, besonders auch im Ausland, ist riesig.

Die Hitlerpropaganda blickt auf die gegnerische Kriegspropaganda herab, die sie »einen bescheidenen Anfang« einer Propaganda nennt, indem sie folgende Zahlen des amerikanischen Nachrichtenoffiziers Blankenhorn wiedergibt: »Am 2. September 1918 betrug die Zahl der von der Entente gedruckten Flugblätter 27 Millionen, später wurden es 75 Millionen. Im Mai 1918 wurden von den deutschen Soldaten an ihre vorgesetzten Stellen 84 000, im Juni 120 000, im Juli 294 000 Stück abgeliefert, im September von den beiden deutschen Armeen 803 760 Stück!«

Diese Flugschriftenflut wird von der Hitlerpropaganda als »bescheidener Anfang« bewertet; die Dimensionen treten klar zu Tage, wenn man erfährt, dass heute schon – in sogenannten Friedenszeiten – weit mehr Flugschriften direkt oder durch die von der Hitlerpropaganda beeinflussten Parteien, Verbände und Fronten im Ausland von der Hitlerpropaganda zur Verteilung gebracht werden, als alle kriegführenden Staaten im Verlaufe der vier Kriegs-jahre verbreiteten.

Die Hitlerpropaganda kontrolliert nach ihren eigenen Angaben allein über 300 deutschsprachige Zeitungen im Ausland und hat auf mindestens ebenso viele fremdsprachige Zeitungen Einfluss. Sie unterhält ein ganzes System von »Nachrichtenbüros«, die aus ungarischen, polnischen und anderen Quellen über London und Paris »Nachrichten« lancieren, die in Wirklichkeit aus Berlin stammen und auf diesen Umwegen ihren Platz in der deutschen Parteipresse »als ausländische neutrale Stimmen« finden.

Die Erfindung und Verbesserung des Radios machen die Hitlerpropaganda zu einem Teil unabhängig von den Überseekabeln, deren Monopol während des Weltkrieges entscheidend zum Erfolg der gegnerischen Kriegspropaganda beigetragen hat.

Das Radio wurde deshalb auch von der Hitlerpropaganda als eines der wichtigsten Propagandamittel am stärksten entwickelt und mit größtem Kostenaufwand ausgebaut.

Die durch die deutschen Mikrophone gesprochene, gesungene oder musizierte Propaganda erreichte schon im Jahre 1934 – nach den offiziellen Statistiken der Union Internationale de Radio-Diffusion in Genf – mindestens 200 Millionen Hörer in der Welt. Für den Inhalt der Sendungen sind allein die Wünsche von Goebbels bestimmend: »Ich stelle mir einen Rundfunk vor, der wirklich jeden einzelnen Hörer an den großen Geschehnissen der Nation teilnehmen lässt. Ich halte es für unmöglich, dass ein nationales Ereignis, wie beispielsweise die Eröffnung des neuen Reichstages oder der Dankgottesdienst in der Potsdamer Kirche oder die Parade eines Potsdamer Regiments vor dem Herrn Reichspräsidenten nicht übertragen wird …« (Revolution der Deutschen, S. 143)

Die Hitlerpropaganda kommandiert ein Heer von 25 bis 30 000 Agenten im Ausland, dirigiert 40 000 Vereine von Auslandsdeutschen und beeinflusst Dutzende von Parteien und sogenannten »nationalen« Bewegungen in anderen Ländern. Die Gefahr der Hitlerpropaganda für die friedliebenden Völker liegt aber nicht nur in ihrem riesigen und steigenden Umfang, sondern weit mehr noch in der Skrupellosigkeit, mit der sie geführt wird. Wie diese Propaganda nicht vor der Dolchstoß-, Reichstagsbrand-, Giftlüge und vor tausend anderen Lügen zurückgeschreckt ist, um dem Hitlersystem die Macht in Deutschland zu erlisten, so schreckt sie nicht davor zurück, mit der Demokratenhetze, der »Bolschewistenlüge« über die Tschechoslowakei, Spanien, Perpignan (Südfrankreich) und andere Länder unter dem Feldgeschrei »Europa erwache« die »psychologische« Stimmung für außenpolitische Aktionen bis zur bewaffneten Intervention zu schaffen. Ja noch mehr, die Hitlerpropaganda wird, wenn sie es für nützlich und notwendig erachtet, nicht davor zurückschrecken, wie die Tatsache des Reichstagsbrandes beweist, selbst neue »Brandstiftungen«

zu organisieren und zu schaffen wie den »Roten Flieger« im Februar 1937 über Wien und die »kommunistische Verschwörung« zur gleichen Zeit in Litauen.

Es steht erweislich fest, dass die Hitlerpropaganda in Potsdamer Druckereien zahlreiche gefälschte kommunistische Flugblätter und Broschüren herstellt und versucht, sie zur Verteilung in verschiedenen Ländern zu bringen. Ein größerer Posten solcher gefälschter kommunistischer Flugblätter wurde für Österreich gedruckt. Einen Sonderfall frecher Provokation stellt der Druck von 10 000 Stück Flugblättern und in Potsdam gedruckter gefälschter kommunistischer Broschüren in litauischer Sprache für Litauen dar. Diese Posten sollten nach Litauen geschmuggelt und dort verteilt werden, gleichzeitig wollte man die Adressaten denunzieren und auf diese Weise eine »unmittelbar drohende bolschewistische Gefahr vor den Toren Königsbergs« schaffen. Die Aktion sollte während des Besuches des sowjetrussischen Generalstabschefs Jegorow erfolgen. Die Wachsamkeit der litauischen Behörden verhinderte diesen Plan, der ahnen lässt, welche Methode die Hitlerpropaganda anwenden wird, wenn es ihr darum geht, den Vorwand für einen kriegerischen Einfall in ein Nachbarland zu schaffen.

Das Organ des »Verbandes des Personals öffentlicher Dienste« in Zürich warnt mit Recht vor den zu erwartenden Provokationen, mit denen die Hitlerpropaganda einen Überfall der deutschen Armee auf ein Nachbarland vorbereiten wird: »Eines Tages werden deutsche Flugzeuge, mit gefälschten französischen oder russischen Abzeichen versehen, irgendeine deutsche Grenzortschaft bombardieren, und dann kann der »Verteidigungskrieg« des Dritten Reiches beginnen. Deutschland erscheint als das überfallene Land, das deutsche Volk stellt sich »einmütig« hinter seine »Führer«, und bis die außerdeutschen Völker sich über den Schwindel klargeworden sind, haben deutsche Truppen bereits die Grenzen überschritten und all die Vorteile in der Hand, die ein überfallsmäßiger Angriff bietet.

Man kann nicht oft genug den Völkern einhämmern, dass sie mit solchen Dingen zu rechnen haben. Wie am Anfang des Dritten Reiches der von den Nationalsozialisten inszenierte Reichstagsbrand stand, so wird die Kriegsführung des Dritten Reiches mit einem ungeheuerlichen Propagandaschwindel beginnen, um jede Opposition in Deutschland lahmzulegen und die angegriffenen Völker, insbesondere aber England und Amerika, zu verwirren.«

Die Hitlerpropaganda ist eine unmittelbare drohende Weltgefahr, und ihre Lügen sind umso gefährlicher, als sie nur für bestimmte Zwecke, in gewissen Kreisen und für begrenzte Zeiten wirken sollen. Diese Tatsache aber erfordert von der Gegenpropaganda die Kunst und Erfüllung der großen Aufgabe, die Wirkung der Hitlerpropaganda innerhalb dieser Frist aufzuheben und zu vernichten. So richtig das deutsche Sprichwort ist »Lügen haben kurze Beine«, so muss es doch in der Zeit der Schnellpressen, des Telefons und Rundfunks und ihrer Ausnutzung durch die Hitlerpropaganda um einen Nachsatz ergänzt werden: »Aber sie laufen schnell.« Die schnellen Lügen müssen eingeholt und aufgedeckt werden, ehe sie in der Welt gleiches Unheil anrichten wie in Deutschland.

Wie es die Hitlerpropaganda verstanden hat, in den Augen kritikloser Anhänger die Erscheinung des »Führers« zu einem Mythos zu machen, so versucht sie sich selbst in ein Geheimnis zu hüllen und die Legende der eigenen Unbesiegbarkeit zu erzeugen. Ähnliches erlebte man, als die deutsche Militärpropaganda die Legende von den unwiderstehlichen »Wunderwerken deutscher Flugzeuge« schuf, bis in den Luftkämpfen über Madrid der Wunderglaube an ihre legendäre Überlegenheit in Flammen aufging.

Die Hitlerpropaganda war bis heute vor allem auch deshalb erfolgreich, weil es keine ernsthafte Gegenpropaganda gab. Eine ernste, zentral geleitete Gegenpropaganda hat umso größere Aussicht auf Erfolg, als diese Propaganda für höchste Ziele, für Frieden, Freiheit, kulturellen Aufstieg, die im Grunde alle Völker und Menschen mit Ausnahme weniger Individuen heiß ersehnen, mit einer Waffe kämpft, die bisher auf die Dauer immer den Sieg davongetragen hat ... der Wahrheit.

Offen schreibt Major Blau in seiner Schrift ›Propaganda als Waffe‹: »Die Propaganda ist heute bereits ein Kriegsmittel von sehr wahrnehmbarer Realität, das durchaus geeignet ist, in einem möglichen Kriegsfalle Deutschland vor neuartige Aufgaben der Kriegsführung zu stellen. Der Zeitpunkt ist daher gekommen, um sich mit den vorliegenden Problemen auseinanderzusetzen.«

Das ist auch unsere Meinung, und im Folgenden werden wir uns mit diesen Problemen auseinandersetzen.

Um der drohenden Kriegsgefahr zu begegnen, genügt es nicht, den Hitlerischen Kriegsrüstungen gleich hohe technische Rüstungen entgegenzusetzen, sondern es gilt vor allem, dem Kriegstreiber auf dem Kampfplatz entgegenzutreten, auf dem er bereits den Krieg eröffnet hat ... auf dem Schlachtfeld der Propaganda.

§ 2: Der kleine Mann
und sein Retter

»NUR MIT DER GLÄUBIGEN INBRUNST eines unverdorbenen und unverbildeten Menschen war es möglich, einen Staat aus den Angeln zu heben, denn das Herz und die Tugenden wogen immer schwerer als das blasse äußere Wissen«, rief Hitler in einer Rede auf dem Nürnberger Parteitag des Jahres 1934 seinen Anhängern zu, denen er in diesen Worten eines der Geheimnisse seiner Propagandamethoden preisgab, indem er den Massen, die er im Auftrag mächtiger Hintermänner eingefangen hatte, zugleich schmeichelte, während sie unter sich die gleichen Massen als »töricht und denkträge« behandelten.

Die Hitlerpropaganda sucht den Werdegang des Dritten Reiches so darzustellen, als ob das Volk geschlossen dem »Führer« gefolgt wäre und noch immer geschlossen hinter ihm stände. Der Versuch, diese Illusion eines einheitlich fühlenden und handelnden Volkes zu schaffen, das es dem »Führer« freiwillig und freudig überlässt, zu denken und zu befehlen, wurde von der Hitlerpropaganda mit raffiniertesten Mitteln unternommen, und in diesem Sinn rief Göring in seiner Rede am 16. März 1937 aus, Hitler habe um Deutschland und Deutschland um Hitler eine stählerne Mauer geschaffen, »der Führer aber kann mit uns machen, was er immer auch will.«

Die Hitlerpropaganda ging systematisch vor, um bestimmte Schichten des deutschen Volkes für ihre Zwecke einzufangen und sich ihrer bedienen zu können. In seinem Buch ›Mein Kampf‹ hat Hitler offen erklärt, wie er sich Anhänger zu erwerben suchte und diese Opfer seiner Propaganda einschätzt. Es kam der Hitlerpropaganda seit Beginn auf die breiten Massen an, in der Voraussetzung, dass »die breite Masse den Sieg des Stärkeren und die Vernichtung des Schwachen oder seine bedingungslose Unterwerfung wünsche«, »das Volk sehe im rücksichtslosen Angriff auf einen Widersacher den Beweis der eigenen Kraft.« (›Mein Kampf‹, S. 37) Um diese Massen zu gewinnen, müsse man »der Schwäche und der Bestialität gleichermaßen Rechnung tragen« (ebenda, S. 650).

Diese Feststellungen Hitlers liefern einen der wichtigsten Schlüssel zu den Methoden der Massengewinnung durch die Hitlerpropaganda, die darauf ausging, ihre Anhänger besonders in solchen Schichten zu suchen, die durch keine politische Schule gegangen waren und kein Klassenbewusstsein besaßen, vielmehr, schwankend und unsicher in ihrer politischen Meinungsbildung, besorgt um ihre wirtschaftliche Existenz, losgerissen von kritiklos übernommenen nationalistischen Traditionen, die nach dem Kriegsausgang ihren Inhalt verloren hatten, zögerten, sich Parteien anzuvertrauen, in denen man sie nur

Feinde jeglicher Ordnung zu sehen gelehrt hatte. Die Parteien, die die Weimarer Republik repräsentierten, zeigten sich aber selbst nicht stark genug, um jene breiten Schichten an sich zu fesseln, ihnen Vertrauen und Stärke einzuflößen. Diese Massen wurden von großen Schichten des deutschen Kleinbürgertums gebildet, das seit dem unglücklichen Ausgang der Revolution des Jahres 1848 keine aktive politische Rolle mehr gespielt hat, aber die soziale Basis des Bismarck'schen Reiches bildete, sich im Glanz der 21 deutschen Fürstentümer sonnte und das Reich für alle Zeiten begründet hielt.

Die sozialdemokratische Partei der Vorkriegszeit, aber auch die sozialistische und kommunistische Bewegung in der Zeit der Weimarer Republik hatten in jene Schichten nicht mit einem solchen Erfolg einzudringen vermocht, dass man von ihrer Politisierung hätte reden können; große Teile dieser Schichten hielten sich beharrlich sogar von jeder politischen Betätigung fern, interessierten sich vielfach nicht einmal für Politik oder waren früher den Schlagworten der alldeutschen Bewegung erlegen.

Bei den Wahlen kam diese Orientierung, besonders der städtischen Mittelschichten, klar zum Ausdruck. Sie erschienen nämlich nicht an der Wahlurne, sondern bildeten das große Korps der Nichtwähler, das einst ein vielerörterter Gegenstand von Leitartikeln und Untersuchungen ehemaliger bürgerlicher Politiker war; gerade in rechts stehenden Kreisen wurde über die »Trägheit« dieser Schichten immer wieder bewegte Klage geführt und die Frage erörtert, wie man diese Schichten aus ihrer politischen Lethargie heraustrommeln konnte. Der Ruf nach dem »Trommler« ist im Reich schon sehr früh erhoben worden. Das große Korps der Nichtwähler, das mindestens zehn Millionen Wahlberechtigte umfasste, fiel zur überwiegenden Mehrheit der Hitlerpropaganda zum Opfer, seine politische Unwissenheit und Unerfahrenheit schufen notwendige Voraussetzungen für diese Rolle, waren der Humus für die Samen der Hitlerpropaganda, nur hier konnten sie gedeihen.

Die Wahlresultate des Jahres 1932 bestätigten diese Feststellung. In den Septemberwahlen 1930 hatten es die Nationalsozialisten auf 6 380 000 Stimmen gebracht, in den Juliwahlen 1932 verdoppelten sie ihre Wählerzahl, aber diese Steigerung vollzog sich keineswegs auf Kosten der Arbeiterparteien und sogar auch nur zu einem gewissen Prozentsatz auf Kosten der bürgerlichen Parteien. Trotz der zügellosen Hitlerpropaganda, die sich im Jahre 1932 bereits der schärfsten terroristischen Formen bediente, trotz des brutalen Terrors der SA auf dem Lande und in den kleineren Städten behaupteten die Arbeiterparteien nicht nur ihre Wählerziffern, sondern die Kommunistische Partei hatte noch große Erfolge aufzuweisen.

Hitlers Wähler waren in ihrem Gros die früheren apolitischen oder, wie die Hitlerpropaganda sie zu nennen pflegt, »unverbildeten« Nichtwähler, die sich von Hitler gefangen nehmen ließen, weil seine Propaganda es darauf anlegte, in ihnen die Illusion zu erwecken, dass es auf sie ankomme, alles nur von ihrer Kraft abhänge und sie die Herren werden müssten. Die Hitlerpropaganda betörte diese Schichten durch solche Illusionen und schuf ihnen die Einbildung der Kraft in einem Augenblick, da sie sich verloren fühlten.

Dass sie nur wie Narren am Seile geführt wurden, drang nicht in ihr Bewusstsein, da die Hitlerpropaganda alles daransetzte, um in ihnen die Illusion der eigenen Kraft zu nähren. Diese Methode der Hitlerpropaganda sah es vor allem auch auf Verwirrung ab und erreichte es, dass sogar in gewissen sozialistischen Kreisen ernsthaft diskutiert wurde, ob der National-sozialismus die politische Bewegung des Kleinbürgertums sei, während es in Wirklichkeit der Hitlerpropaganda nur darauf ankam, in diesen Massen die Illusion der Mitbestimmung, die Illusion der Herrenschicht zu erwecken.

Der Zusammenbruch des Reiches, die klägliche Kapitulation der Fürsten, die eine hundertjährige Herrschaft wie einen alten Lappen preisgaben, die Auflösung der alten Armee, die gerade für große kleinbürgerliche Massen der Inbegriff der Macht gewesen war, der *Versailler Vertrag*, vor allem aber die Gefahr des Ruins der wirtschaftlichen Existenz durch die Entwertung der Mark, durch die wirtschaftliche Krise und ihre Folgen machten Millionen Menschen für Abenteurer reif, die ihnen die Illusionen der Wiederkehr des alten Glanzes, der alten Herrlichkeit vorgaukelten. Hitler als Mann der Reichswehr und Schwerindustrie wie der Junker kannte die Ziele des neudeut-schen Imperialismus, und diese Kenntnisse gaben ihm eine gewisse Sicherheit, um seinen Anhängern sein »Programm« als einzige Rettungsmöglichkeit immer wieder vor Augen zu führen, ein anderes war es nur, dass diese »Rettung« sich Hitler und seinen politischen Hintermännern nicht so darstellte wie dem »kleinen Mann«, den die Hitlerpropaganda absichtlich über das Wesen dieser »Rettung« im Dunkeln ließ.

Beim Fehlen einer demokratischen Tradition in diesen Schichten musste es nicht aussichtslos erscheinen, sie erneut in autoritäre Abhängigkeit zu bringen, wenn man ihnen die »starke Hand« zeigte. Bei der dauernd labilen Lage, bei dem bis in seine Grundlagen erschütterten kapitalistischen System wurde in ihnen sogar noch die Illusion erweckt, als ob sie selbst berufen wären, einen neuen Staat zu schaffen, in dem sie selbst als die Erneuerer des alten Glanzes erschienen, in dessen Widerschein sie sich einst gesonnt hatten; mit ihm sollten vor allem ihre Ersparnisse aufgewertet zurückkehren, ihre aufbewahrte Papiermark wieder Goldeswert erhalten und die Rente die Sicherheit des Lebensabends garantieren. Am 1. September 1933 redete Hitler in Nürnberg seinen Anhängern ein, er habe ihnen »suggestiv den Glauben eingepresst, einst die Retter des Vaterlandes zu werden«.

Solche Illusionen konnten in politisch aufgeklärten Massen, besonders in der Arbeiterschaft, nicht aufkommen, auf sie vermochte auch kein Zaubertrick zu wirken. Die Hitlerpropaganda war sich früh über diese Tatsache klargeworden und sich immer der Schwierigkeiten bewusst, in Arbeiterkreisen Anhänger zu finden, sodass ihr am Ende ihres Propagandafeldzuges innerhalb Deutschlands, nachdem sie an die Macht herangelassen war, kein anderes Mittel zur »Gewinnung« der Arbeiterklasse übrig blieb als Provokation, Terror, Konzentrationslager, Zuchthaus und das Beil des Henkers.

Breite Kleinbürgerschichten, die durch deklassierte bürgerliche Elemente, durch infolge der Inflation enteignete Scharen, durch arbeitslose Jugendliche und Frauen, aber auch durch Monarchisten, ehemalige Offiziere, unzufriedene Beamte, endlich auch durch Enttäuschte aus anderen Parteien in einen Gärungsprozess gerieten, bezeichnete die Hitlerpropaganda als »das Volk« schlechthin. Goebbels spricht von diesen Schichten als einer »Masse«, die »für ihn ungeformten Stoff« darstellt; »erst in der Hand der Staatskünstler wird aus der Masse Volk und dem Volk *Nation*.« (Goebbels, ›Kampf um Berlin‹, S. 40)

Die politische Unbildung und Unwissenheit, das Verlangen dieser Schichten nach gesicherten wirtschaftlichen Verhältnissen charakterisierte Goebbels als »dumpfe, dunkle Ahnungen« (ebd.). Die Hitlerpropaganda ging von Anfang an darauf aus, der politischen Ahnungslosigkeit und unkritischen Auffassung jener sich verloren fühlenden Massen zu schmeicheln und sie mystisch zu verklären, ihre Hoffnungen als »seelisches Erlebnis« zu glorifizieren und ihr in Hitler den Retter aus ihren Nöten zu repräsentieren, ihren Hang zum Aberglauben zu bestärken, ihr den Glauben an ungeheuerlichste Möglichkeiten, an »dunkle, geheimnisvolle Kräfte« einzuflößen, die »in teuflischer Weise zum Schaden des Volkes ihr unheilvolles Wesen trieben«, wie »Vampire das Mark des Volkes aussaugen« und sich »mit allen Feinden des deutschen Volkes zu seinem Untergang verschworen« hätten.

Den verlorenen Krieg würden diese Massen wahrscheinlich bald überwunden haben, aber über den Verlust ihres Besitzes, ihrer Existenz kamen sie nicht hinweg. Seit Beginn der »Weimarer Republik« wurde nicht genug geleistet, gerade diese Schichten über die Ursachen der politischen Entwicklung des Kaiserreiches und des Zusammenbruches im Jahre 1918 aufzuklären und sie zu überzeugen, wo die Schuldigen an ihrem Elend saßen. Man erinnerte sich wohl der Lehren des Aufstiegs und der Machtergreifung des Bonapartismus wie des Werdegangs des italienischen Faschismus, ohne dass die Weimarer Republik allseitig diesen Anschauungsunterricht nutzbar zu machen verstand. Diese Versäumnisse erleichterten es der Hitlerpropaganda, unter den unaufgeklärten Schichten zu wirken, nachdem sie sich aus abenteuerlichen, von Ehrgeiz zerfressenen, vor nichts zurückschreckenden Elementen, aus berufslos gewordenen Offizieren wie aus verbitterten Renegaten anderer Parteien einen Trupp von Organisatoren und Agitatoren geschaffen hatte.

Die Hitlerpropaganda ließ sich nach ihren ersten Misserfolgen von dem Gedanken leiten, den politisch unwissenden Massen, an die sie sich bewusst wandte, etwas zu bieten, dessen keine andere Partei fähig war. In seinem Buch ›Mein Kampf‹ hat Hitler die Methoden enthüllt, die er für seinen Anhängerfang geeignet hielt. Im Jahre 1936 erschien in Leipzig die Schrift »Pallas-Athene« eines gewissen Hans Freyer, die sich mit den Fragen der Massenbeeinflussung beschäftigte und zur Feststellung kam: »Es sieht sehr rührend im Menschen aus und wiederum bei aller Kompliziertheit sehr einfach.

Es gibt ein Kind im Mann, einen Aufrührer im Spießbürger, sogar einen Helden im Feigling. Nimm den Menschen von da und du hast ihn ganz, abgesehen davon, dass du ihn bei seinem Besten genommen hast. Wer nicht zaubern kann, ist kein Schöpfer. Aus Hinz und Kunz zaubert der politische Genius den Glanz seiner Herrschaft.« Wendet man sich gegen eine derart zynische Auffassung der politischen Erziehung ungeschulter, ahnungsloser Massen, so erteilt Freyer dem Kritiker die Antwort: »In der Politik sind die Gebote der Moral eo ipso suspendiert.«

Freyer hat in seiner Schrift die Lehren und Erfahrungen seines »Führers« formuliert, wie Hitler selbst unzweifelhaft aus erster oder zweiter Hand die Lehren des bereits zitierten Buches des reaktionären Massenpsychologen Le Bon ›Psychologie der Massen‹ befolgt hat, soweit Hitler nicht im Verlaufe seiner Propagandakampagne eigene Erfahrungen sammelte und sie unbekümmert in der Praxis anwandte.

Le Bon behauptete, Massen seien nicht durch logische Beweise zu beeinflussen und vermöchten nur »grobe Ideenverbindungen« zu begreifen, »daher wenden sich auch die Redner, die Eindruck auf sie zu machen verstehen, an ihr Gefühl und niemals an ihre Vernunft. Die Gesetze der Logik haben keinerlei Einfluss auf sie.« Le Bon erteilte Volksverführern den Rat, den Anschein zu erwecken, als ob man die Gefühle der Massen teile; man müsse gewisse zwingende Bilder hervorrufen, um die Masse zu packen.

Hitler erinnerte sich auch seiner Wiener Jugendzeit, in der er völlig vergeblich und zu seiner größten Blamage mit aufgeklärten Arbeitern diskutierte, gleichzeitig aber beobachtet hatte, wie die Demagogie der Schönerer und Lueger kleinbürgerliche Massen einzufangen vermochte. Im Buch ›Mein Kampf‹ gedachte Hitler der Agitationsmethoden Luegers, der »das Hauptgewicht seiner Tätigkeit auf die Gewinnung von Schichten legte, deren Dasein bedroht war und mithin eher zu einem Ansporn als zu einer Lähmung des Kampfwillens wurde. Ebenso war er geneigt, sich all der einmal schon vorhandenen Machtmittel zu bedienen, bestehende mächtige Einrichtungen sich geneigt zu machen, um aus solchen alten Kraftquellen für die eigene Bewegung möglichst großen Nutzen ziehen zu können.« (›Mein Kampf‹, S. 108)

Wenn in heute friedlich erscheinenden Vorkriegszeiten solche Auffassungen der Massenbeeinflussung bereits vorhanden waren, mussten sie sich in einer Epoche schwerster sozialer Erschütterungen bei der Skrupellosigkeit der Hitlerpropagandisten zu Formen größten Ausmaßes entwickeln, die Luegersche Bedenkenlosigkeit musste sich in höchsten Zynismus, Charakter- und Skrupellosigkeit verwandeln, umso mehr als Hitler in jeder Stunde seiner gesamten politischen Tätigkeit wusste, dass ihn seine mächtigen Auftraggeber und einflussreichen Freunde nie im Stich lassen würden, nachdem sie ihm Vollmachten gegeben hatten, als Betörer der angeblich irrenden Volksseele aufzutreten, und ihr Vertrauen zu seiner Kunst ständig wuchs, als er die ersten Proben seiner ihnen magisch erscheinenden Kunst erfolgreich offenbart hatte, die aber versagte, sobald Hitler sie vor einem aufgeklärten, politisch geschulten, nachdenkenden Forum anwandte.

Hitler selbst – in peinlicher Erinnerung an seine Diskussion mit Wiener Bauarbeitern – war sich bewusst, dass er nur auf die bankrotten kleinen Leute wirken konnte, und scheute sich nicht, sein Rezept in seinem Buch offen preiszugeben. Da lesen wir, dass »die Propaganda sich ewig nur an die Massen zu richten hat, dass ihr Wirken auch immer mehr auf das Gefühl gerichtet sein muss und nur sehr bedingt durch den sogenannten Verstand«. Die Propaganda müsse »volkstümlich sein und ihr geistiges Niveau einstellen nach der Aufnahmefähigkeit des Beschränktesten unter denen, an die sie sich zu richten hat.«

Die Masse, die Hitler an sich zu ziehen suchte, bemühte er sich nicht aufzuklären, sondern in ihrer Dumpfheit und Verbohrtheit, ihrem kleinlichen Hass, ihrem Neid, ihrer Rachsucht, ihrem geistigen Ressentiment noch zu bestärken – Gefühle, Vorstellungen, die Hitler selbst seit seiner Jugend beherrscht hatten und in ihm unaufhörlich bohrten, seinen Ehrgeiz anstachelten und allmählich bewirkten, dass er zuweilen wie von Rachsucht fanatisiert erscheint. Was in ihm selbst wie ein Gift brannte, suchte er auf andere, bei denen er ähnliche Empfindungen voraussetzte, zu übertragen, herauszulocken, zu steigern, zur Entladung zu bringen, zu aktivieren. Das machte und macht einen wesentlichen Inhalt seiner Propagandamethode im Umgang mit diesen Massen aus.

Hitler ging darauf aus, die Dinge zu vereinfachen und an primitivste Vorstellungen und Gefühle zu appellieren, offen erklärte er, man müsse »die rein geistige Höhe einer Propaganda umso tiefer stellen, je größer die zu erfassende Masse der Menschen sein soll. Die Vorsicht bei der Vermeidung zu hoher geistiger Voraussetzungen kann gar nicht groß genug sein.« Die Propaganda müsse »ausschließlich auf das Fühlen der Massen Rücksicht nehmen, um durchschlagenden Erfolg zu erzielen«. Zynisch erklärte Hitler, dass »die Aufmerksamkeit der großen Masse nur sehr beschränkt sei, ihr Verständnis klein, dafür jedoch die Vergesslichkeit sehr groß.« Deshalb müsse sich der Propagandist »auf wenige Punkte beschränken«, sie aber »schlagartig« so lange verwerten, bis auch »der Letzte« sich etwas darunter vorzustellen vermöchte, weil »die Menge sonst den gebotenen Stoff weder verdauen noch behalten« könnte.

Wie niedrig Hitler von seinen eigenen Anhängern, die er mit seinen Methoden zu fangen suchte, denkt, beweisen Feststellungen der Zusammensetzung seiner Zuhörer: »Sie bestehen nicht einmal aus lauter vernünftig Urteilsfähigen, sondern aus ebenso schwankenden wie zu Zweifel und Unsicherheit geneigten Menschenkindern.« Hitler behauptet, »das Volk sei feminin veranlagt«, sein Denken und Handeln »durch gefühlsmäßiges Empfinden bestimmt«, ja, er geht so weit zu erklären, die Masse der Menschen sei »an sich faul« und »bleibe träge im Geleise alter Gewohnheiten«, deshalb habe es ihm oft Schwierigkeiten bereitet, Gefühlswiderstände zu überwinden, in einem solchen Falle sei nur ein »Appell an die geheimnisvollen Kräfte selbst« wirksam gewesen.

Die »geheimnisvollen Kräfte«, die in der Hitlerpropaganda eine große Rolle spielen, werden von Rosenberg und Hitler als Erscheinungen der nordischen Seele gepriesen, in Wirklichkeit sind sie die nicht leicht zu kontrollierenden, triebhaften Instinkte, die Hitler zu entfesseln sucht, indem er an die »Brutalität« appelliert, der »Bestialität« Rechnung trägt, wie offen in ›Mein Kampf‹ (S. 650) ausgesprochen wird. Goebbels schrieb im September 1932, als die Partei in eine schwere Krise geriet, man müsse »jetzt wieder an die primitivsten Masseninstinkte appellieren«. (›Vom Kaiserhof zur Reichskanzlei‹, S. 157)

Der Hitlerbiograph Schott feiert in seinem Buche »Das Volksbuch von Hitler« das »unverbildete Volk«, das Hitler »entgegenjauchze«, um schnell zu versichern, man dürfe in der Beeinflussung der Massen nur nicht »moralisch« sein und müsse sich »von peinlichen ideellen Forderungen und Bedenklichkeiten freimachen«. Goebbels drückt sich drastischer aus, indem er erklärt, die Propaganda habe keine andere Aufgabe, als zum Erfolg zu führen, »einerlei, ob sie zu roh, zu gemein oder nicht anständig genug« sei (im ›Almanach der nationalsozialistischen Revolution‹, S. 111). Der nationalsozialistische Publizist Hans Michael Müller prägte für diese Form der Aufputschung der niedrigsten Instinkte die hochtrabende Wendung: »Der Nationalsozialismus ist heraufgekommen durch die Bejahung des Unberechenbaren, durch Verzicht auf Programmklarheit, durch den Willen zum Ungewissen, kraft der in ihm lebenden Gewissheit.« (›Vom Staatsfeind‹, S. 64) Derselbe Müller erklärte aber auch brüsk: »Moralisierende Kritik ist das Gewissenloseste, was es geben kann«.

Wer solchen Auffassungen huldigte und sich an seine Aufgabe mit dem Willen machte, die Massen bewusst bei ihren Schwächen zu packen, ihre Instinkte zu entfesseln, ihre Triebe zu locken, wer bewusst auf die Kanaille, den »Schweinehund« im Menschen spekulierte und zugleich den Menschen en canaille behandelte, wie man es auf preußischen Kasernenhöfen im täglichen Rekrutendrill gelernt hatte, konnte nur in jenen Schichten ein Echo finden, aus denen Hitler wie fast alle seiner Helfershelfer stammten. Es mussten Menschen sein, die blindlings Versprechungen Gehör schenkten. Und so kamen nun die Enttäuschten und Verzweifelten, die nicht rasch genug wieder ihre aufgewerteten Renten und Sparkassenguthaben wiedersehen konnten. So kamen die Bauern, Handwerker, kleinen Gewerbetreibenden, die über Steuerdruck und Zinshöhe, über die Preisspanne klagten. So kamen vor allem die Frauen aus jenen Schichten, die den bescheidenen Glanz der Vorkriegszeit nicht vergessen konnten.

»Die Frauen haben oft genug die Bewegung gerettet«, bekannte Hitler in einem Gespräch mit dem Parteipressechef Otto Dietrich. (›Mit Hitler in die Macht‹, S. 142) In den kleinbürgerlichen Schichten war die Frau infolge des Krieges und seiner Auswirkungen wie später in der Periode der Inflation radikalisiert worden, ohne dass dieser Prozess von einer gründlichen politischen Schulung der Frauen des Mittelstandes begleitet gewesen wäre. Die Frau erhielt das Wahlrecht im Augenblick großer wirtschaftlicher Krisen, die sich in ihren Folgen bis in die Küche auswirkten. Es gibt Fälle genug, in denen diese Frauen rascher der Hitlerpropaganda zum Opfer fielen als die Männer.

Erschreckend war, wie dürftig die Hitlerpropaganda den Frauen konkret zu helfen versprach und andererseits durch den Appell an das Gefühl die Frauen zuweilen zu Besessenen machte. Vor einer Berliner Versammlung wurde Hitler von einer Frauendelegation aufgesucht, die ihn bat, sich zu den wirtschaftlichen, sozialen, politischen und kulturellen Forderungen der Frauen zu äußern. Nach kurzem Nachdenken erklärte Hitler, er werde in seiner Versammlungsrede die grundsätzliche Stellung der Partei zu diesen Fragen mitteilen, im Verlaufe seiner Rede erklärte Hitler: »Man hat mich über unsere Stellung zur Frauenfrage gefragt. Dazu erkläre ich: Wenn wir die Macht erobert haben, wird jede deutsche Frau einen Mann bekommen.«

Diese Erklärung, die jede Versammlung politisch aufgeklärter Personen mit Hohngelächter beantwortet hätte, wurde von den Hitleranhängern nach dem authentischen Bericht mit »begeistertem, nicht Ende nehmendem Jubel«

begrüßt, als ob ein Wort Heinrich von Treitschkes, dem man gewiss nicht das Zeugnis eines fortschrittlichen Mannes ausstellen kann, bestätigt werden musste, dass die spezielle Kulturlosigkeit der herrschenden Mächte Deutschlands besonders in ihrer Einstellung zur Frauenfrage zum Ausdruck gekommen wäre, in der man um ein Jahrhundert hinter anderen Ländern zurückgeblieben ist. Auch Rosenbergs bösartige Ausfälle gegen die Frauenemanzipation, in denen sich der Einfluss Weiningers verrät, bewiesen die Richtigkeit dieses Wortes Treitschkes. Aber Rosenberg wie Hitler waren sich darüber im Klaren, dass die Vorkämpferinnen für Frauenrechte, die Rosenberg als »wahnwitzig gewordene Weiber« schilt, nicht den Phrasen der Hitlerpropaganda erlegen waren. Hadamovsky brachte klar zum Ausdruck, weshalb man den Frauen der Schichten, an die sich die Hitlerpropaganda wandte, so viel zu verdanken habe, indem er schrieb: »Frauen sind oft glaubensstärker als Männer, die mitunter alles mit dem klügelnden Verstand erfassen wollen.« (›Hitler kämpft um den Frieden Europas‹, S. 242)

Es war eine wirtschaftlich schwere Zeit für Deutschlands Bevölkerung, soweit sie nicht über Produktionsmittel verfügte. Die geringen Produktionsmittel, die ein Kleinbürger noch sein eigen nannte, waren aber täglich vom Stempel des Gerichtsvollziehers bedroht. Man ergab sich in seiner Angst um den letzten Besitz, der einem noch geblieben war, willig den lockenden Sirenenklängen der Beschwörer und Zauberer. Da gab es unzählige falsche Propheten, die die aberwitzigsten Gerüchte verbreiteten und die Hoffnungsseligen mit Phantasien nährten. Es tauchten Individuen auf, die erklärten, rotgestempelte Tausendmarkscheine würden aufgewertet, Parteien bildeten sich, Zeitungen wurden gegründet, Broschüren, Flugblätter verbreitet.

Einer dieser Männer hieß Winter, der sogar als Reichspräsidentschaftskandidat auftrat und in der Tat hunderttausend Stimmen erhielt. Er starb später in einem Hitlergefängnis. Da wurde geweissagt und aus den Sternen, aus Händen, aus der Kopfform gelesen, da wurden Horoskope gestellt, und die Epidemie ergriff sogar die scheinbar doch so gebildeten Kreise des Bürgertums. Die Hitlerpropaganda förderte diese Sterndeuter noch. Einer der bekanntesten Hellseher, Hanussen, stand in enger Verbindung mit führenden Nationalsozialisten und machte die dunkelsten Geschäfte mit ihnen, prophezeite einige Tage vor dem Reichstagsbrand, »er sehe ein großes Gebäude brennen«, und musste seine prophetische Gabe, die er den Mitteilungen seines Freundes Helldorf verdankte, mit dem Leben bezahlen.

Es traten Sektierer auf und verkündeten das Herannahen des Tausendjährigen Reiches, es gab einen gewissen Weißenberg, der Krankheiten durch Bestreichen des Körpers mit Käse zu heilen versprach, Medien erscheinen ließ und am Eingang seiner Wohnung eine Kanone aufgestellt hatte, er gab auch eine gierig gelesene Zeitung heraus und verfügte in Berlin über Tausende von Anhängern. Es gab Wunderdoktoren, die nichts anderes als Kurpfuscher waren, aber die Menschen fuhren stundenlang mit der Eisenbahn, um zu ihnen zu gelangen. Alles wurde geglaubt, und nichts war töricht genug, was nicht aufgegriffen, nicht verbreitet, nicht angebetet worden wäre.

Hitler hatte allen diesen Medizinmännern etwas voraus: Er besaß nicht nur das Vertrauen großer Teile der Reichswehr und der Industriellen, sondern – und das war gerade entscheidend – ihre riesige finanzielle Unterstützung, die ihm erlaubte, durch Ausmaß und Wucht, jede andere Konkurrenz zu schlagen. Sie gaben ihm die Kraft, auszuharren und das Feld zu behaupten. Und wenn es möglich war, Tausende an die Heilung erkrankter innerer Organe durch Aufstreichen weißen Käses glauben zu machen, ist es nicht verwunderlich, dass Millionen glaubten, eines Tages würde die Zinsknechtschaft gebrochen sein, der Hausbesitzer keine Miete mehr erhalten, der Mieter höhere Miete zahlen, der Staat keine Steuern mehr erhalten, die Schwerindustrie von demselben Staat subventioniert werden und hohe Aufträge erhalten, die großen Kaufhäuser an Gewerbetreibende vermietet werden, die Arbeiter keine Proletarier, sondern die Herren werden, die Kaufkraft aber enorm steigen.

Den Landarbeitern und armen Bauern versprach man, nach Aufteilung der großen Güter, Land, den Junkern aber Erhaltung ihres Besitzes, ließ sich außerdem noch von ihnen »Schutzgelder« bezahlen und erwies sich ihnen durch Unterdrückung des Osthilfeskandals dankbar. Das Widerspruchsvollste schien kein Rätsel aufzugeben. Während die Gläubigen alles hinnahmen und fiebernd den Tag der Erlösung erwarteten, war es Goebbels, der sich zynisch über die Verheißung der Brechung der Zinsknechtschaft äußerte, ein solcher Programmpunkt sei nur da, um sich selbst zu brechen. Man spekulierte auf die Dummen, den »Letzten«, den Beschränktesten – Goebbels nennt ihn immer wieder schmeichelnd den »kleinen Mann«, in einem Ton, als sei es eine Tugend, »klein« zu sein. Dieser »kleine Mann« war schon fast eine legendäre Erscheinung geworden, als Romantitel machte er einen Schriftsteller eine Zeitlang populär, der »kleine Mann« war ratlos und ging in die Irre, wollte seine Arbeit, sein Auskommen, seine Familie und nach einer Zeit korrekt verrichteter Tätigkeit sein Häuschen mit Balkon und Blumen haben.

Der »kleine Mann« sehnte sich nach einer gesicherten Existenz. Hitler versprach sie ihm. Goebbels redete dem »kleinen Mann« ein, er sei der wahre Repräsentant des Volkes, der »klare, unmissverständliche Entscheidungen« verlange und nichts mehr als Doppelseitigkeit und den Standpunkt des *sowohl als auch* hasse, er denke und fühle »in der Masse« und sei »nur in der Masse stark«, gewinne nur dort Zutrauen zu sich selbst. Goebbels gestand: »Wir wollen Massen gewinnen, wir wollen dem kleinen Mann ins Herz hineinspre-

chen«, »die Massen lieben es aber, komplizierte Tatbestände zu verallgemei-
nern und aus der Verallgemeinerung heraus ihre klaren und kompromisslosen
Schlüsse zu ziehen«.

Was Goebbels hier als eigene Schlussfolgerung verkündet, hat er zuvor von
Hitler gelernt, wie fast alles, was Goebbels über das Wesen der Propaganda
ausgesagt und realisiert hat, in Hitlers ›Mein Kampf‹ grundsätzlich enthalten
ist. Hitler erklärte, man dürfte in keinem Falle objektiv sein, da »die schwankende Masse« zu leicht geneigt sei, angesichts eines Kampfes »gegen zu viele
Feinde« die Frage aufzuwerfen, »ob wirklich alle andern Unrecht haben und
nur das eigene Volk oder die eigene Bewegung allein sich im Recht befinden«.

Um solche Erwägungen nicht erst aufkommen zu lassen, unterdrückt die
Hitlerpropaganda mit klarem Bewusstsein jede vorurteilslose gründliche
Prüfung des Tatbestandes, fragt nicht nach den Gründen und Rechten des
Gegners, der vielmehr immer und in jedem Fall Unrecht hat. Die Hitlerpropa-
ganda fragt vielmehr nur nach dem eigenen Nutzen und verdammt die
objektive Würdigung der Handlungen des Gegners, spricht ihm das Recht, als
Gegner aufzutreten, überhaupt ab.

Hitler, der dem deutschen Volk vorwirft, es »leide am Objektivitätsfimmel«,
findet für seine Methode in ›Mein Kampf‹ folgende Formulierung, indem er
sich selbst zugleich das höchste Eigenlob spendet, um auf den »kleinen Man-
n« Eindruck zu machen: »Es gehört zur Genialität eines großen Führers,
selbst auseinander liegende Gegner immer nur als eine Kategorie erscheinen
zu lassen, weil die Erkenntnis verschiedener Feinde bei schwächlichen und
unsicheren Charakteren nur zu leicht zum Anfang des Zweifels am eigenen
Recht führt.« (›Mein Kampf‹, S. 129)

Deshalb verlangt Hitler, immer denselben Gedanken unaufhörlich zu
wiederholen, auch wenn er eine Lüge ist, umso eher würde man sie glauben,
weil man niemandem zutraue, dass er so ungeheuerlich klingende Dinge
verkünden werde, während man kleine Lügen anzweifle. Hadamovsky, als
Schüler Hitlers, verlangt (›Propaganda und nationale Macht‹, S. 20): Man dürfe
»vor der stärksten Erregung nicht zurückschrecken, müsse unermüdlich
denselben Gedanken in das Gehirn der Massen einhämmern«, denn nichts sei
»so vergesslich wie die Masse«. Schon auf dem Nürnberger Parteitag vom
Jahre 1927 konnte es Hitler wagen, seinen Anhängern zuzurufen: »Das Volk
wünscht eine Führung, an die es glauben kann und weiter nichts.«

Bei solchen Auffassungen war man sich selbst klar, dass der Wirkungskreis,
der durch Propaganda erfasst werden könnte, begrenzt sein würde. Im
Gespräch mit Otto Strasser gestand Hitler: »Wir werden nie damit rechnen
können, die Arbeiter in erheblichem Maße zu gewinnen.« Dass man auch die
größten Schwierigkeiten haben würde, die Intelligenz zu gewinnen, verhehle

man sich nicht und bemühte sich auch nicht, sie zu gewinnen, ja man wollte sie absichtlich nicht haben, da man fürchtete, sie könne stören.

Es lag der Hitlerpropaganda daran, nur die große Masse der Unpolitischen einzufangen. Um die Intellektuellen zog man einen Kordon und überschüttete sie mit Ausdrücken des Hohns und der Verachtung, um sie als Feinde zu brandmarken und bei der Isolierung der deutschen Intelligenz ihr Außenseitertum noch stärker in Erscheinung treten zu lassen als Beweis für ihre angebliche Untauglichkeit überhaupt. Hitler sprach höhnisch »vom sogenannten Verstand« und betonte den Appell ans Gefühl, bezeichnete Intellektuelle, von denen er sich durchschaut wusste, als »bürgerliche Schlauköpfe« und erklärte sie kurz und bündig als »wertlos für die Bewegung«.

In seiner Verachtung für die Schriftsteller begann er zu schimpfen, weil er sich bewusst war, dass er ihnen gegenüber versagte, wenn er die Instinkte reizte und zu entfesseln suchte, die Brutalität und sogar Bestialität aufrief. Deshalb sind für Hitler Schriftsteller »Gecken und schriftstellernde Ritter«, ihre Arbeiten sind »limonadige Ergüsse ästhetisierender Literaten und Salonhelden«, »für die Intelligenz, oder was sich heute häufig so nennt, ist nicht Propaganda da«, da es »auf die Befriedigung einiger Gelehrter oder ästhetischer Jünglinge nicht ankommt«. Wissen allein hält die Hitlerpropaganda schon für schädlich. Am 6. 9. 1934 erklärte Hitler in Nürnberg, zugleich wieder dem »kleinen Mann« schmeichelnd, »das Herz und die Tugenden wogen immer schwerer als das blasse äußere Wissen«.

In Intellektuellen sieht Hitler »Todfeinde jeder wirksamen politischen Massengewinnung«, weil sie kritisieren, »abgebrüht« nach Abwechslung verlangen, während Propaganda geschlossen sein müsse, damit ihre Wirkung nicht zerflattere. Bei der Erfolglosigkeit seiner Propaganda in »intellektuellen Kreisen überschüttete sie Hitler mit Schimpfworten wie: »Lumpenpack ...«, »Strolche« (›Mein Kampf‹, S. 94), »geistige Halbwelt übelster Sorte« (S. 87), »faulenzendes, lichtscheues Gesindel« (S. 400), »Drohnen bei der Wiedererhebung unseres Volkes«. Einmal wird sogar die gesamte deutsche Intelligenz von Hitler als »körperlich vollständig verkommen« bezeichnet, die »stillen Arbeiter« sind »Jammerlappen«, die »die geistige Waffe vor ihre tatsächliche Feigheit halten«.

Wenn sich Hitler derart über die seiner Propaganda schwer oder gar nicht zugängliche Intelligenz auslässt, können die Unterführer nicht zurückbleiben. Hanns Johst, der Stilist des Buches ›Mein Kampf‹, erfand das Wort: »Wenn ich das Wort *Kultur* höre, entsichere ich meinen Revolver.« Goebbels sprach und schrieb von der »Intelligenzbestie«. Rosenberg bezeichnet Intellektuelle als »Scharlatane, Gaukler und Volksbetrüger«. (›Blut und Ehre‹, II. S. 28)

Wenn Goethe als »das höchste Glück der Erdenkinder, die Persönlichkeit« verkündet hatte, verstieg sich Rosenberg zu der Behauptung, »die ursprünglich liberale These von der Vervollkommnung der Einzelpersönlichkeit habe schließlich zu einem blutlosen, haltlosen Großstadtintellektualismus geführt«. (ebd.) Goebbels verlangt von der Propaganda, es sei nicht ihr Sinn »geistreich« zu sein (Almanach, S. 111) und sie »dürfe es nicht verschmähen, sich jener Mittel zu bedienen, die zwar den Intellekt enttäuschen, aber umso mehr das Herz des Volkes packen«.

Nach Goebbels hat die Propaganda »komplizierte Gedankengänge zu vereinfachen« (›Revolution der Deutschen‹, S. 141), über ihre Methoden könne »nicht irgendein Ästhet urteilen« (S. 138). Hadamovsky warnt, »sogenannte ästhetische Maßstäbe an politische Kräfte anzulegen« (›Propaganda und nationale Macht‹, S. 12), und preist die Verwertung von Schlagworten an, deren Wirkung ins »Mythische« gehe, dabei komme es auf »Sprachverhunzung« nicht an. »Intellektuellen und durchschnittlichen Staatsbürgern«, die eine objektive Würdigung eines Vorganges verlangen und durchzuführen versuchen, droht Hadamovsky an, sie hätten sich »umzustellen oder aus Deutschland zu verschwinden«, gepriesen wird aber »der natürliche Mensch« und noch mehr die Masse, die »der Kraft des Wortes fast unfehlbar erliegen, unbekümmert um die innere Wahrheit«. Goebbels bekannte im Herbst 1932 offen, dass die Redakteure seiner eigenen, wahrhaftig skrupel- und hemmungslos genug geschriebenen Zeitung – des »Angriff« –, in der offen zur Ermordung führender Politiker und Intellektueller aufgefordert wurde, »eher für die Wissenschaft als für die schwarze Kunst« geeignet seien.

Es war eine schwere Zeit für die notleidende Bevölkerung, die sich unaufhörlich zwischen Furcht und Hoffnung umhergetrieben sah. Die Hitlerpropaganda rührte im trüben, schlammigen Grundsatz, wühlte alles an Gemeinheit empor, um ihre Terrorgruppen und Schlägerkolonnen zu wildesten Exzessen zügellos aufzupeitschen. Und es gehört tatsächlich eine »schwarze Kunst« dazu, um die bösen Instinkte heraufzubeschwören und sich nutzbar zu machen, obendrein noch für edel und anständig zu erklären, zu verherrlichen und wie Goebbels in den Ruf Huttens auszubrechen: »Oh Wissenschaften, oh Künste ... es ist eine Lust zu leben ...«

Der Reichspressechef der NSDAP, Otto Dietrich, will die Erfahrung gemacht haben, dass »wo in Deutschland die wirtschaftliche Not am höchsten gestiegen sei, wo sie am unerträglichsten erschien, auch das Vertrauen zum Führer am stärksten war«. Diese Behauptung widerspricht den Tatsachen. Überall dort, wo ein politisch aufgeklärtes, ziel- und klassenbewusstes Proletariat, eine helle, unbeirrbare Intelligenz, auch bürgerliche Parteien wie das traditionsverbundene Zentrum vorhanden waren, gelang es der Hitlerpropaganda nicht, entscheidende Positionen zu erobern. Hier versagten ihre Menschenfängermethoden.

Resigniert erklärte Hitler im Gespräch mit Otto Strasser, die Arbeiterschaft habe »kein Verständnis für irgendwelche Ideale«. Er wollte sagen, sie ließ sich nicht von ihm betören und »legte«, wie Hitler am 16. Mai 1934 eingestehen musste, »die Sonde des eigenen Geistes an«. Nicht Berlin, Hamburg, Köln, nicht Westfalen und das Rheinland mit ihrer dichten Besiedlung wurden von der Hitlerpropaganda eingefangen, sondern Städte wie Coburg oder Weimar mit kleinbürgerlichem, bürokratischem, höfisch-feudalem Einschlag, wo sich fast das ganze öffentliche Leben im Schatten der kleinen Höfe abgespielt hatte, oder es waren Städte wie Nürnberg und Kassel, in denen nicht entschlossen schon den Anfängen Widerstand entgegengesetzt worden war. Schließlich und vor allem ging man aufs Land zu den Bauern.

»Den Platz an der Sonne«, beanspruchte einst und nach dem verlorenen Krieg besonders stark der deutsche Imperialismus. Aber auf diesen Platz erhob auch das bankrotte Kleinbürgertum seine Ansprüche. Die Hitlerpropaganda versprach ihm die Erfüllung dieser Sehnsucht. Aber als die Macht in Besitz genommen werden durfte, konnten konkrete Versprechungen nicht erfüllt werden. Dafür verbreitete man als Surrogat den Glanz der Feste und Spiele, erfüllte die Städte und Dörfer mit dem Lärm der Feiern, Umzüge und Paraden, schenkte dem »kleinen Mann« die Uniform, die Abzeichen, die Standarte, den Schellenbaum und nicht zuletzt die Dienstgrade und Chargen.

Es war unmöglich, obwohl auch dieses Versprechen gemacht wurde, dass jeden Sonntag das Huhn im Topfe lag – im Gegenteil, nach der Machtergreifung musste gerade am Sonntag gehungert und obendrein noch gezahlt werden. Die Warenhäuser blieben und wechselten nur ihre Inhaber nach dem Rassengesetz. Der »kleine Mann« schielte im Vorübergehen nach dem schönen Verkaufsstand, den er einst für sich erträumt hatte. Deshalb aber musste die allgemeine Propaganda noch flacher, noch unpolitischer, noch ungeistiger, gleichzeitig aber umso lärmender, bunter, betörender als früher werden. Und die Wahrheit wurde noch mehr entstellt als früher, dem »kleinen Mann« aber wurde als oberstes Gebot eingebläut: »Befehl ist Befehl, und gehorcht muss werden, Lachen im Gliede ist bei Todesstrafe verboten.«

Dem »kleinen Mann« entzog man jedes Recht, dafür konnte er marschieren und »erleben«, spenden und gehorchen. Er erhielt gewissermaßen einen Terminkalender in die Hand gedrückt, auf dem die Feste verzeichnet waren, zu denen er zu erscheinen hatte, Feste für jeden Beruf, jedes Geschlecht, jedes Alter, zu jeder Jahreszeit. Jeder Sonntag hat seine Feier, sei es ein militärischer Gedenktag, ein Geburtstag, ein Erinnerungsfest irgendwelcher Art. Das Hitlerjahr beginnt nicht am 1. Januar, sondern am 11. Januar, am 30. Januar feiert man die Krönung des Kölner Komplotts mit Papen-Schröder, am 6. März die vertragswidrige Errichtung der neuen Armee, am 20. April Hitlers Geburtstag, am 1. Mai das Fest der Arbeit, im Juli ein großes Kriegerfest, im September den Nürnberger Parteitag, im Oktober den Erntedanktag, im November den Münchener Putsch vom Jahre 1923.

Es gibt Kolonial- und Heldengedenktage, man feiert Schlageter und Wessel, man setzt durchschnittlich alljährlich einen Wahltag an, um sich einen Grund zu Demonstrationen zu verschaffen, selbst die Manöver der Reichswehr werden zu großen Schauveranstaltungen. Jede Stadt, jedes Dorf hat obendrein noch seine häufig wiederholten Lokalveranstaltungen. Hinzu kommen die verschiedenen Ausstellungen, die ›Grüne Woche‹ und die Autoausstellung in Berlin, die Theater- und Musikfestspiele. Spiele, Spiele ohne Ende, jahraus, jahrein.

Der »kleine Mann« sieht die Tanks in Massen durch die Straßen rollen, hört die Flugzeuggeschwader durch die Luft brausen, vernimmt den Wirbel der Trommeln, den Klang der Trompeten, erblickt den Wald von Fahnen und Standarten, den Glanz der Uniformen, darf marschieren, Front machen, Hacken zusammenklappen. Es scheint die Welt von 1913 zu sein, und einen Augenblick könnte er sich einreden, seine Stimme habe ihm den Ersatz Wilhelms verschafft, er habe sich selbst diese Vergnügungen eingerichtet. Man lässt ihm nicht viel Zeit zum Nachdenken nach dem Grundsatz des alten preußischen Kasernenhofdrills, dass Denken schädlich sei.

Die Hitlerpropaganda bemüht sich mit größten Anstrengungen, diese Illusionen zu erhalten, sah sich aber seit dem Ausbruch der Rebellion Francos und der Intervention Hitlers in Spanien gezwungen, dem »kleinen Mann« zu verschweigen, dass sein Sohn bereits Gelegenheit gefunden hat, »auf dem Felde der Ehre« zu bluten. Heimlich wurden die »Freiwilligen« aus dem Lande aufs Schiff gebracht, um nach Spanien geschafft zu werden. Der »kleine Mann« hatte Hitlers Friedensbeteuerungen geglaubt und wollte kein kriegerisches Abenteuer. Im dritten Jahr des Regimes war der Krieg da: ein heimlich geführter Krieg in einem Land und für Interessen, die dem »kleinen Mann« so fremd sind wie das Land selbst. Die Hitlerpropaganda verstummte, als sie dem »kleinen Mann« hätte sagen müssen, dass sein Sohn in Francos Putschscharen zu sterben habe.

In seiner Verzweiflung hatte der »kleine Mann« den Versprechungen Hitlers sein Vertrauen geschenkt, war in der tiefen Sorge um seine nackte Existenz dem Hakenkreuz gefolgt, sein Leben war nichts als bittere Enttäuschung gewesen, seitdem das Reich zusammengebrochen war. Dann war Hitler gekommen, und seine Propaganda hatte ihm die Illusion einer glücklichen Zukunft vorgegaukelt. Er war dieser Fata Morgana, die ihm auf dem Wüstenmarsch seines Lebens lockend, zauberhaft erschien, hoffnungstrunken, glaubensselig gefolgt. Er ertrug alle Entbehrungen, die die Hitlerpropaganda von ihm verlangte, wenn sie ihn daran erinnerte, es gehe um das Glück seiner Kinder.

Auch der Glanz der neuen Armee schien wieder zu strahlen, und den »kleinen Mann« blendete die neue »schimmernde Wehr«. Er trug die Entbehrungen willig, hungerte, opferte, denn der »Retter« war seine letzte, große Hoffnung. Dann raunte es durchs ganze Land: Der Krieg ist da. Unsere Söhne werden heimlich bei Nacht und Nebel aufs Schiff gebracht. Es fährt nach Spanien. Dafür also geopfert und gehungert? So sieht das Glück unserer Kinder aus? Und die schimmernde Wehr, für die man geopfert hatte, die so gepriesen war, versagte bei der ersten Probe im Waffengang mit einem relativ kleinen Gegner. Und die Fata Morgana beginnt sich allmählich zu verflüchtigen. Nicht nur die Ohren des deutschen Arbeiters, sondern auch des »kleinen Mannes« vernehmen fortan in verstärktem Maße Schwingungen, aber nicht auf den Wellen der Hitlerpropaganda.

§ 3: Die Propaganda schafft eine Legende

IN EINEM KREIS führender Nationalsozialisten machte Goebbels, in Abwesenheit Hitlers, den Vorschlag, künftig Hitlers Reden, Schriften und Handlungen für unfehlbar zu erklären und den Anhängern die Überzeugung einzuimpfen, dass an Hitlers Tun und Lassen nicht der geringste Zweifel mehr geäußert werden dürfte. Die Anwesenden, die Hitler seit Jahren aus nächster Nähe kannten, waren über die Zumutung Goebbels' zuerst erschrocken, aber es gelang ihm, die Verdutzten zu überzeugen, dass aus propagandistischen Gründen die Unfehlbarkeitserklärung Hitlers notwendig wäre.

Der Massenpsychologe Le Bon verweist in seinem bereits zitierten Buche auf die Methoden der römischen Cäsaren hin, die sich nicht nur gottähnliche Ehren erweisen ließen, sondern sich selbst zu Göttern machten und ihren Pferden den Rang eines Senators verliehen. Die Hitlerpropaganda hat es bereits so weit gebracht, dass die Hunde Hitlers mit den Raben des germanischen Gottes Wotan verglichen werden. Die nationalsozialistischen Unterführer vermögen nicht wie jene römischen Senatoren, die die Reden des Kaisers Caracalla anzuhören gezwungen waren, sich die Lorbeerblätter aus ihren Kränzen zu rupfen und zu zerkauen, um sich das Lachen zu verbeißen, wenn Hitler selbst seine »Genialität« anpreist und mit den größten Erscheinungen der deutschen Geschichte und mit Religionsstiftern verglichen wird. Bei ihrer Servilität besitzen die hitlerschen Unterführer weder den Mut noch den Witz der Senatoren des kaiserlichen Roms.

Der gelehrige Goebbels hat vor allem dafür gesorgt, dass sich ein Mythos um die Person Hitlers bildete und Legenden geschaffen wurden, Hitler selbst hat bewusst alles getan, um diesen künstlich geschaffenen Mythos zu fördern, in der Erkenntnis, dass dieser Mythos den Kern der Propaganda bilden müsse, um die Person des Retters ins hellste Licht zu versetzen und als überragende große Persönlichkeit wirken zu lassen, die es kraft dieses Nimbus' wagen könne, die ungeheuerlichsten Forderungen an die Anhänger zu stellen, sei es auch mit Einsatz ihres Lebens. Da der Hitlerpropaganda die Ideologie wie jeder geistige Gehalt überhaupt fehlen, hatte an ihre Stelle der Kultus der Person Hitlers zu treten, die im wahren Sinne des Wortes zu einer Figur von Format hochgestapelt wurde.

Goebbels ruft immer wieder die abgedroschene Redensart aus: »Männer machen die Geschichte«, ein Satz, der in dieser Form überhaupt nichts beweist und nicht richtiger wird, wenn er von Goebbels als tägliche Etikettaufschrift verwandt wird. Gerade der Aufstieg des Nationalsozialismus beweist, dass dieser Satz, ins Gegenteil verkehrt: »Die Geschichte macht Männer«, der Wahrheit schon näher kommt; im Fall Hitler aber muss er heißen: »Die Legende macht Männer«. Für die Legende »Hitler« hat die Hitlerpropaganda alle Garderobenschränke der Geschichte geplündert, als solle wieder einmal das Shakespeare-Wort vom »geflickten Lumpenkönig« seine Rechtfertigung erlangen.

Die Legendenbildung um Hitlers Person konnte durch die Hitlerpropaganda deshalb so rasch ihre Verbreitung erfahren, weil der Kultus der Person dem Fühlen des Gros der politisch naiven, »unverbildeten« Anhänger der Hitlerpartei entsprach. Wie sie den Losungen der Hitlerpropaganda zum Opfer fielen, ließen sie sich auch für die Hitlerlegende gewinnen. Man kann den raschen Prozess der Mythenbildung, vor allem ihre kritiklose Hinnahme durch breite Schichten, leichter verstehen, wenn man sich vergegenwärtigt, dass gerade in dem bis zum November 1918 halb absolutistisch regierten Reich vielen späteren Hitleranhängern die Gestalten Friedrichs II., Wilhelms I. und Bismarcks unantastbare Persönlichkeiten waren und es im Kriege der kaiserlichen Propaganda rasch gelang, Hindenburg als »Eckehart« des deutschen Volkes zu glorifizieren.

Man muss auch auf die Tatsache verweisen, dass das deutsche Kleinbürgertum im 19. Jahrhundert nach Robert Blum keinen eigenen politischen Führer mehr hervorgebracht hat, die rührende Märtyrerfigur Blums seinem Gedächtnis aber bald entschwand. Auch aus diesen Gründen wurde es der Hitlerpropaganda beim Mangel jeglicher Tradition nicht schwer, eine Hitlerlegende zu bilden und den Massen aufzuzwingen, die sich in ihrer Verzweiflung und Haltlosigkeit retten lassen wollten und umso eher den Mann als Retter begrüßten, dessen Propaganda ihnen einredete, sie seien ihre eigenen Retter, und das neue Reich, das er mit ihnen schaffen wollte, werde ihnen gehören.

Bei der Lockerung der religiösen Beziehungen und der fehlenden politischen Schulung waren die Widerstände in kleinbürgerlichen Schichten gegen einen sich aufdrängenden und unaufhörlich angepriesenen »Retter« gering, erst recht, wenn alles, was dieser Retter redete und unternahm, den Vorstellungen entsprach, die einen ratlosen, verbitterten »kleinen Mann« erfüllten, nachdem sich das Bild des Retters von Tannenberg in der Zeit der schweren wirtschaftlichen Krisen verflüchtigte, ja sogar vielen Enttäuschung bereitete. Hinzu kommt noch, dass die »Retter«-Ideologie schon vor Hitlers Auftreten die Phantasie des »kleinen Mannes« gereizt hat, sie entsprach vollkommen der politischen Ohnmacht und Abhängigkeit der Schichten, zu denen der »kleine Mann« Hitlers gehörte.

Dass die Person des »Retters« rasch vertauscht werden konnte und sich gleichsam das Spiel vom »Bäumchenwechseln« vollzog, kann bei der tiefen sozialen Krise nicht wundernehmen, ähnliche Beobachtungen wurden schon in anderen Zeiten gemacht. Ein Historiker bemerkt, es bedürfe nicht des Ablaufs von Jahrhunderten, damit sich die Heldenlegende in der Phantasie der Massen wandle, vielmehr erfolge eine Wandlung oft innerhalb weniger Jahre. Die Hitlerpropaganda setzte alles daran, um die Mythenbildung um Hitlers Person rasch und eindringlich zu schaffen, ihre Erfolge bei der Gewinnung von Massen begünstigten die Realisierung, und nach dem Machtantritt konnten sich infolge der gewaltsamen terroristischen Unterdrückung der Opposition keine allen sichtbaren Widerstände gegen die legendäre Ausschmückung des Lebens und Wesens Hitlers wie der nationalsozialistischen Bewegung entgegensetzen.

Die Hitlerpropaganda machte es sich zur Aufgabe, ihre Anhänger mit dem Bewusstsein zu erfüllen, dass sie ohne Hitler rettungslos verloren wären, nur er ihnen helfen und ihre Not lindern könne. »Heil Hitler« rief die Hitlerpropaganda aus und nötigte später unter Androhung von Gefängnisstrafen jedem diesen Gruß auf, dessen Verweigerung als staatsfeindliche Äußerung gilt. Der künstlich geschaffene Hitlermythos sollte nun allen gewaltsam aufgedrängt werden, gleichgültig, ob sie ihn innerlich anerkannten. Nichts beweist so sehr die Herkunft dieses Mythos aus der Retorte der Hitlerpropaganda wie dieser Befehl, sich selbst anzulügen, indem man gezwungen wird, jemanden mit dem Worte »Heil Hitler« zu begrüßen, obschon man vom Gegenteil überzeugt ist und nichts anderes erfährt als Unterdrückung und Misshandlung.

Um die Massen zu fangen, vertritt Hitler (in ›Mein Kampf‹, red.) den Standpunkt, man müsse ihren »Schwächen wie ihrer Bestialität gleichermaßen Rechnung tragen«, aber Schott erzählt aus propagandistischen Gründen, es habe sich »von oben ein Etwas auf diesen Mann herunter gesenkt«, »der mit traumwandlerischer Sicherheit handele«, der Mann, der seine Freunde erschießen ließ, wird von Schott »Seelsorger« genannt, dessen »Seelisches von Engeln und Dämonen durchschüttelt« ist und der »zu den Boten Gottes an die Menschen, zu den geheimnisvollen Führern gehört, die mit der Leuchte in der Hand den im Dunkeln Tastenden vorangehen«, er ist der »prophetische Mensch«, zählt zu den »ausgesprochen prophetischen Geistern«, erscheint wie »der Arzt am Bett des Kranken, dessen Puls er fühlt«, und bringt die »zitternden, verstörten Kinder zur Vernunft und Besinnung«, während Hitler selbst erklärt, man könne die Aufnahmefähigkeit der Masse nicht niedrig genug einschätzen.

Der Mann, der Verträge und Eide bricht, die Mörder von Potempa als Kameraden feierte, seine Mordkolonnen am 30. Juni aussandte, hat, nach Schott, »die Treue der deutschen Seele und ihrer irdischen Heimat, dem deutschen Vaterland gehalten«, und »zu seiner Rechten steht der Engel mit dem bloßen, hauenden Schwert, seines Winkes gewärtig«, der Mann, der die Lüge zum wichtigsten Kampfmittel der Propaganda erklärte, »hat der

Wahrheit eine Gasse gebahnt« und ist der »Befreier«, der »Entlarver der Lüge«, während Hitler dem Volke zuruft, es sei nichts ohne ihn, sagt Schott, Hitler sei »ein tief demütiger Mensch«, und lässt Hitler bekennen: »Wir sind ja alle ganz kleine Johannesnaturen. Ich warte auf den Christus«.

Mit diesen Hinweisen auf die religiöse Natur der Erscheinung Hitlers spekuliert die Hitlerpropaganda immer auf die Massen, die sie zu sich heranzog und die unkritisch, in Vorurteilen befangen, schwankend in ihren Stimmungen sich leicht betören ließen. Die Verwandtschaft mit den zahllosen Nutznießern abergläubischer Vorstellungen einer verzweifelten Masse wird offenbar, aus denen die Hitlerpropaganda die größten Vorteile zog. Auch die Parole vom ›Dritten Reich‹ gehört zum Propagandastück der ›Sendungs‹-Methode, um nationalen Anhängern das Phantom eines Reiches vorzugaukeln, das größer sein wird als das II. Reich, und um religiösen Anhängern den Vergleich mit der Prophezeiung vom Reich Gottes auf Erden aufzudrängen. Mit dieser Parole vom Dritten Reich betörte die Hitlerpropaganda die Verzweifelten und Verwirrten, weckte in ihnen religiöse Vorstellungen, rief die Erinnerung an die Messiasverkündigungen und Prophezeiungen vom Jüngsten Gericht wach, wie sie in der Bibel zu finden sind, stellte die Erfüllung aller Wünsche als unbedingte Gewissheit in Aussicht. Die »heilige« Zahl Drei spielt in diesem Zusammenhang eine gewisse Rolle, wie Ernst Bloch in seinem Buch »Erbschaft dieser Zeit« gerade auch im Hinblick auf die Hitlerpropaganda nachgewiesen hat. (S. 53 f.)

Schott hat die Messias-Idee der Hitlerpropaganda am schärfsten betont, aber ähnliche Wendungen finden sich in der gesamten Literatur der Propaganda. Czech-Jochberg fabelt, Hitler besitze den »Sendungsglauben des blonden (!) Mannes aus Nazareth«. (»Adolf Hitler und sein Stab«, S. 34) Den Kindern erzählt eine gewisse Annemarie Stiehler in ihrer Schrift »Die Geschichte von Adolf Hitler«: »Wie froh können wir sein, dass wir einen solchen großen Führer haben. Er weiß immer den rechten Weg, und wenn etwas auch noch so schwierig aussieht, unser Führer und Reichskanzler Adolf Hitler wird es schon zum guten Ende bringen«, »so lange Deutsche auf der Erde leben, werden sie in Dankbarkeit an Adolf Hitler denken, der sich vom unbekannten Soldaten des Weltkriegs zum Führer durchgekämpft und Deutschland aus großer Not gerettet hat«. Feder behauptete, Hitler verkörpere »die Sehnsucht der Nation«.

Der weinselige Ley verkündete in einer Rede am 12. Februar 1937: »Wir glauben auf dieser Erde allein an Adolf Hitler. Wir glauben, dass der Nationalsozialismus der allein seligmachende Glaube unseres Volkes ist. Wir glauben, dass es einen Herrgott im Himmel gibt, der uns geschaffen hat, der uns führt und uns lenkt und uns sichtbar segnet. Und wir glauben, dass dieser Herrgott uns Adolf Hitler gesandt hat.« Dietrich fabelt von der »einmaligen und einzigartigen Persönlichkeit (›Mit Hitler in die Macht‹, S. 15), von der glückhaften Wendung des Schicksals des deutschen Volkes durch eine übernatürliche Fügung« (S. 13) – es ist derselbe Dietrich, der die Verbindung zwischen Hitler und rheinischen Industriellen herstellte und unerschöpfliche Geldquellen erschloss. Schon 1932 hörte man von Hitler selbst, dass ihn »die Vorsehung für große Aufgaben ausersehen habe«. Die Vorsehung wird fast in jeder Rede von Hitler beschworen, und der nationalsozialistische Volkswirtschaftler Nonnenbruch schrieb in seinem Buch ›Die dynamische Wirtschaft‹: »Der Führer spricht sehr häufig von der Vorsehung. Seine Person ist zu heilig, als dass man sich unterstehen dürfte, nachzuforschen, was er damit meint.« (S. 81)

Hitler als Stifter einer neuen Religion

Die kleinen Hitlerpropagandisten verbreiteten schon vor der Machtergreifung Hitlers, besonders durch Mundpropaganda die »göttliche Berufung« Hitlers, um in den unpolitischen Massen verschollene religiöse, mehr noch abergläubische Stimmungen zu erwecken. Die Hitlerpropaganda benutzte ihren Kampf gegen den Kommunismus zugleich zu einer Kampagne gegen die sogenannte, »Gottlosen«-Bewegung und spekulierte auf diese Weise darauf, in bäuerlichen Kreisen und in Landstädten Anhänger zu gewinnen.

Während die Hitlerpropaganda sich gegen die »Gottlosen-Bewegung« wendet, attackiert sie aber zugleich die Kirche, führt einen erbitterten Kampf gegen die Geistlichkeit, die christlichen Dogmen und Sakramente wie gegen ihre Schriften und die Bibel, endlich gegen die Gestalt Jesus selbst, zugleich aber wird der Versuch gemacht, als eigener Religionsstifter aufzutreten und eine neue Religionslehre, das »Neuheidentum« zu schaffen.

Von Hitler heißt es, dass in ihm Christus »zu uns gekommen sei« (nach einer Erklärung des Kirchenrats Leutheuser in Gadfeld). Und Kerrl bekannte, dass Hitler »uns von Neuem geboren werden ließ« und »uns ein Programm gab, das Gott selbst in unser Blut geschrieben hat, um uns zu neuen Menschen zu machen.« (Frankf. Ztg., 20. Nov. 1935) Die »deutschen Christen« bezeichnen sich als »die SA Jesu Christi«, und so sorgte die Hitlerpropaganda dafür, dass in den Kirchen SA-Kapellen im Gottesdienst die Rummelplatzmelodie vom Lied des Zuhälters Wessel spielen, sie ließ das Bild Hitlers in Kirchen und Schulen aufhängen und nötigte ihre Anhänger, sich »Hitler-ecken« in den Wohnungen einzurichten.

Die gleiche Propaganda verkündet, dass Hitler von Gott gesandt wurde, um die Menschheit zu erlösen, und sich in dem Buche ›Mein Kampf‹, das ernsthaft als Bibel der Deutschen proklamiert wurde, wie in seinen Handlungen den Menschen »offenbart« hat. Goebbels phantasiert: »Über alledem stand Gottes Hand. Sie hat den Führer und seine Bewegung sichtbarlich geleitet.« (in: ›Vom Kaiserhof zur Reichskanzlei‹, S. 12) Er hat sich seinen »Namen als Führer in harten, entsagungsvollen Kämpfen gegen die Mächte der Unterwelt erobert«. Klar und eindeutig tut Goebbels in derselben Schrift kund, dass es der Hitlerpropaganda darauf ankommt, den Hitler-Mythos religiös zu verbrämen, um in der Spekulation auf gefühlsmäßig entfachte Stimmungen und Vorstellungen, die besonders wieder die kleinbürgerlichen Massen mit religiösen Empfindungen verbinden und verstandesmäßig nicht leicht zu absorbieren sind, Hitler als den Messias erscheinen zu lassen, unbekümmert darum, dass man diese Idee nach den jüdischen Vorbildern des im Dritten Reich verfemten und beschimpften Testaments fabriziert.

Goebbels als wichtigster Spezialist der Hitlerpropaganda erinnert sich der Massenpsychose der Kreuzzugszeiten und schreibt in seinem »Tagebuch«: »Aus der Glut der Begeisterung, mit der sich die Millionenmassen des Volkes Hitler und seiner Idee hingaben, meinte man den Schrei herauszuhören, der schon einmal zur Zeit der Kreuzzüge Deutschland erbeben ließ: Gott will es«, und derselbe Goebbels, der das Andenken seines Freundes Röhm schändete, um sich selbst zu retten, erklärt, dass im »Nationalsozialismus sich Gottes Wort und Gottes Wille verkündet; dass das Bollwerk, das er gegen den Bolschewismus aufrichtete, nach einer höheren Fügung gemacht ist als letzte Rettung der abendländischen Kulturwelt vor der Drohung der asiatischen Gottesfeindschaft« (S. 13).

Die Hitlerpropaganda redet den Anhängern ein, dass Hitler, von allen Schlacken einer irdischen Kreatur befreit, durchs Leben gehe. Wie vom »heiligen Martin« erzählt man sich von Hitler, er schenke seinen Mantel frierenden Wanderburschen auf der Landstraße. Hitler wird als bedürfnislos geschildert, wobei man verschweigt, dass sein Arzt ihm Diät verordnet hat. Hitler verzichtet auf sein Gehalt, aber wird gesagt, dass er einer der reichsten Zeitungs- und Druckereibesitzer der Welt ist, dessen Betriebe ihre Entstehung dem Raub verdanken? »Wenn Hitler es wüsste«, sagen die Anhänger, sobald Korruptionsfälle sich ereignen, aber »wie kann er alles wissen«.

Man tröstet sich und hofft, er werde es zuletzt doch erfahren und aufräumen wie am Jüngsten Gericht. So schreckt die Hitlerpropaganda nicht zurück, Worte auszusprechen, Ideenverbindungen zu schaffen, die heute noch Millionen Menschen als Lästerung erklingen, aber bestimmt sind, haltlosen Menschen, die von jeder Tradition losgerissen sind und nach einem Ersatz für ihre verlorenen Besitztümer suchen, einen Glauben zu geben, der sich um die Person Hitlers und die sogenannte Hitlerbewegung rankt.

Der »Retter« Hitler, darüber war man sich, wie aus Scheringers Berichten über seine Unterredung mit Goebbels hervorgeht, völlig klar, vermochte dem »kleinen Mann« seine Ersparnisse nicht wiederzugeben, seinen Warenumsatz nicht zu steigern, im Worte »Retter« lag schon eine Einschränkung, die man nur nicht fühlbar werden ließ, aber »gerettet« musste und wollte der »kleine Mann« werden, deshalb rettete man ihn vor unheimlich drohenden, neuen Gefahren; vor dem »Abgrund«, dem »Chaos«, Phrasen, die in der Propaganda immer wiederkehren. Bewusst wurde und wird die Lage so verzweifelt dargestellt, dass der »Beschränkteste« glaubt, in Hitlers Arme fliehen zu müssen, um seine nackte Existenz zu retten, in der Erwartung, dass nur Hitler die Voraussetzungen für die besseren Zeiten schaffen könne. Die Hitlerpropaganda erzeugt eine fatalistische Stimmung und Ergebenheit, um die Anhänger desto sicherer von Hitler abhängig zu machen, der »alles zum Besten wenden« wird. Auf diese Weise glaubt man, das Interesse für Politik überhaupt ersticken, in blindes Vertrauen zum »Retter« verwandeln zu können.

Der Kommunismus wird vor allem von der Propaganda als Schreckgespenst geschildert und in umso düsteren Farben gemalt, als die Hitlerpropaganda sich um ihrer Selbsterhaltung willen anstrengen muss, die großen wirtschaftlichen und politischen Erfolge der Sowjetunion ins Gegenteil zu verkehren, als »Zusammenbruch« auszugeben.

Die Hitlerpropaganda verbreitet eine Panikstimmung, damit sie den »Messias« Hitler umso heller in der Retterglorie erstrahlen lassen kann. Besonders sinnfällig wird diese Methode anlässlich des Reichstagsbrandes: Zuerst steckt man selbst den Reichstag an, schreit, die Tat sei das Werk des Kommunismus, und macht sich dann ans ›Werk der Rettung‹. Rosenberg erzählt (›Blut und Ehre‹, II, S. 118), »Hitler wacht über Deutschland und sorgt um dessen Leben und Zukunft«. Nach dem 30. Juni 1932 bringt er es fertig, angesichts der umgebrachten Kameraden zu schreiben, Hitler werde »vom ganzen Volke geliebt«, zur Rede Hitlers vor dem Reichstag über die Schlächterei des 30. Juni schrieb Rosenberg: »Der Führer hat durch Schonungslosigkeit gegen sich selbst, durch eine tiefinnerliche Wahrhaftigkeit die letzten Fragen beantwortet und alle Makel abgewaschen, die die ehrlos gewordene Verschwörergruppe glaubt, unserer treuen Bewegung anheften zu können«, es sei »Aufgabe und Pflicht Deutschlands, dem Führer heute erst recht durch restloses Vertrauen zu danken. Zu danken für seinen Kampf und seine Treue zu ihm durch alle Stunden seines Lebens« (ebd. S. 112). Ein Knappe Rosenbergs, Thilo von Throtha, feiert diesen Erguss, der einer der fürchterlichsten Bluttaten der Geschichte mit höchstem Zynismus gilt, als »eines der schönsten Dokumente aus der Geschichte der Bewegung«. Derselbe Rosenberg erzählt immer wieder, Hitler habe »ganz Deutschland vor dem Kommunismus und die ganze abendländische Welt vor dem Versinken in ein blutiges Chaos gerettet« (ebd. S. 43), wofür ihm »vor allem die Kirchen ihren tiefsten Dank aussprechen müssten« (S. 44).

Der ›nationale Heros‹ Hitler

Den Anhängern, denen die religiös gefärbte Mission Hitlers fremd bleibt, predigt die Hitlerpropaganda aber die nationale Mission Hitlers und drängt ihnen Hitler als nationalen Volkshelden auf, der mit den größten nationalen Gestalten der deutschen Geschichte verglichen wird, ja sie überragen soll. Um Verbindungen mit dem Volke herzustellen, rückt man vergessene Figuren in den Vordergrund, wobei noch erwünscht ist, dass überhaupt möglichst wenig von ihnen bekannt ist, dass sie keine soziale, revolutionäre Rolle spielten und sich für nationalistische Propaganda benutzen lassen; in einigen Fällen geniert man sich nicht, die revolutionäre Natur solcher »Vorläufer« Hitlers zu unterschlagen.

Die wichtigste Voraussetzung ist für die Hitlerpropaganda stets, dass das Volk ohne »seinen« Führer macht- und hilflos wäre, dass es die Bereitschaft zur Hingabe, Gläubigkeit besitzen muss, um diesem Führer blind zu vertrauen, der »Millionen Menschen den Sinn ihres Lebens geschenkt hat«. (Rosenberg, ›Blut und Ehre‹, II., S. 59) »Männer machen Geschichte«, beteuert der belesene Goebbels, der als Plagiator ein Meister ist, immer wieder mit Nachdruck, ohne auch nur ein einziges Mal zu argumentieren, wie seine Männer die Geschichte machen durften. Der Versuch schon würde die Hitlerpropaganda entlarven, deshalb führt sie vielmehr die Legendenbildung um Hitler konsequent durch, der auf allen Gebieten zu einer überragenden Persönlichkeit gemacht wird, wie es einst auch die wilhelminische Legende versuchte. Hitler ist der größte Künstler, Schriftsteller, Maler, seine durchgepausten Postkartenzeichnungen werden als Meisterwerke ausgegeben und bewundert, wie man einst Wilhelms »Sang an Ägir« als geniale Schöpfung gepriesen hat.

Alles, was auch Hitler tut, ist groß, wurde nie in ähnlicher Weise vollbracht, und Hitler selbst kommandiert diese Beweihräucherung. Am 14. März 1936 erklärte Hitler: »Ich habe die größte Geste gemacht, die je ein Staatsmann, seit die Weltgeschichte besteht, getan hat.« Die Selbstverherrlichung wiederholt sich fortgesetzt, und die Propaganda greift das Eigenlob auf, sucht es den Anhängern immer fester einzuprägen, damit es zu einem Glaubensgrundsatz werde, und alle rufen: »Hitler will es!«

Der Mythos der ›Bewegung‹

Die gleiche Legendenbildung spinnt sich um die gesamte Hitlerbewegung, auch hier hat die Hitlerpropaganda nach biblischer Vorlage gearbeitet. Immer wird propagiert, dass es nur »wenige zu Beginn« waren, die sich zur »Deutschen Arbeiterpartei« zusammenschlossen; man verwertet den Aberglauben, der um die Zahl »Sieben« spielt, wenn man immer wieder hervorhebt, dass Hitler die Mitgliedsnummer 7 hat. Dass die Bewegung als Agentur der Reichswehr aufgezogen wurde und der ahnungslose Drexler, »ohne ihn zu fragen«, Hitler aufnahm, wird unterschlagen. Dass diese »Bewegung« im Augenblick, da der Agent Hitler ihr beitrat, behördlich sanktioniert war, wird kein Hitlerpropagandist erzählen, sondern Hitler mit seinen Getreuen, die er innerhalb kurzer Zeit ausbootete, weil sie ihm bei seinen dunklen Treibereien und Querverbindungen unbequem waren, zog namen- und mittellos aus, um das deutsche Volk zu retten – in Wirklichkeit hatte Hitler in den ersten Jahren nichts anderes im Sinne als sein Auskommen auf dem Posten des Chef-redakteurs des ›Völkischen Beobachters‹.

Goebbels hat immer wieder die Parallele zu Bibelerzählungen gezogen, natürlich ohne die Quelle zu nennen. Es macht ihm gar nichts, wenn er in derselben Rede verächtlich die Bibel eine »jüdische Erfindung« nennt, die auch als eine Sammlung »von Viehhändler- und Zuhältergeschichten« bezeichnet wird. »Wir waren ja so wenige, unbedeutend und ohne Rang, uns stand keine starke Presse zur Seite, wir hatten weder eine Organisation noch das Geld, mit dem man gewöhnlich so etwas aufbaut. Still und ohne Aufheben machten wir uns ans Werk. Was wir schufen, das wurde aus eigener Kraft. Niemand half uns, wir haben uns selbst geholfen.« (›Der Angriff‹, S. 20)

Jedes dieser Worte ist eine Lüge, und in jedem Satz ist das Gegenteil gerade richtig, aber die Hitlerpropaganda kümmert sich nicht darum; Otto Dietrich ruft aus: »Sechs Männer zogen aus, um das deutsche Volk zu erobern« (›Mit Hitler an die Macht‹, S. 23), Czech-Jochberg nennt sie »Apostel« (›Hitler‹, S. 69), Hadamovsky plagiiert den Plagiator Goebbels und schreibt: »Sie alle waren arm, besitzlos, verlassen. Sie trugen nichts als ihr Ideal im Herzen«. Schott gerät wieder in Emphase und schwadroniert, die »Sieben vollbrachten ein Liebeswerk im Stillen«, phantasiert von »deutschen Arbeitern, die ihr Letztes hingaben – an der Spitze Adolf Hitler – das war der Beginn«. Im Stil der Märtyrerlegenden und Heiligengeschichten heißt es, »unter Schmähungen und Verwünschungen, unter Schikanen, Anpöbelungen und Verleumdungen niedrigster Art ging die Arbeit vorwärts«. Hitler selbst wagte noch in einer Trierer Rede am 19. April 1932 zu behaupten: »Sie verfolgen uns, sie quälen uns. Wir haben ihnen nichts getan, und trotzdem gehen sie gegen uns vor.«

Als Hitler sich derart in die Pose des Verfolgten und Märtyrers warf, waren bereits Millionenbeträge in seine Kasse geflossen, hatte er trotz Hochverrats eine fröhliche Festungszeit verlebt und Bewährungsfrist erhalten, war er wegen erneuten Meineids und Hochverrats unverfolgt geblieben, hatte er in unzähligen Fällen Landfriedensbruch begangen, konnte er als Ausländer eine politische Rolle spielen und eine Partei führen, verfügte er über Gönner in allen einflussreichen Stellen der Wirtschaft und der Regierungen. Aber die

Hitlerpropaganda brauchte die Illusion der Anhänger, als seien sie und ihre »Führer« arme, verfolgte Opfer einer Überzeugung. Czech schrieb, Göring sei »gejagt« worden. »Goebbels verfolgt und ausgewiesen«, »verleumdet und bespieen«. (›Hitler und sein Stab‹, S. 7)

Goebbels selbst erfand die Lüge von seiner eigenen Einsperrung und Auspeitschung in einem belgischen Gefängnis und nahm den Vorwurf der Lüge hin, ohne zu klagen, die Hitlerpropaganda pflegt immer in solchen Fällen zu kneifen und spekuliert auf das kurze Gedächtnis der Massen. Für die Bluttaten der Hitlerpropaganda wurden immer die anderen, die Überfallenen verantwortlich gemacht, Schuld trug und trägt stets der Angegriffene. Der Ermordete ist für die Hitlerpropaganda in jedem Fall der Schuldige, tote Zeugen sind für immer stumm. Aber die Mörder von Potempa sind Kameraden, der Hitler vom 30. Juni hat Deutschland gerettet (laut Rosenberg), und die SA-Männer, die zu Terrorakten aufgeboten wurden, werden von der Hitlerpropaganda den Frontsoldaten von Verdun und Ypern gleichgesetzt, Goebbels schrieb vom »Nimbus eines tapferen politischen Soldatentums«, das den SA-Mann auszeichne, fügt, erklärend und die Propagandamethode entlarvend, hinzu, dass man auf diese Weise »dem SA-Mann Mut zu weiterem zähen Ausharren machte«. (›Kampf um Berlin‹, S. 94)

In seinem »Tagebuch« (S. 35) verkündet Goebbels, »das Kapitel über die Heldentaten der SA werde würdig den größten heroischen Leistungen unseres Volkes an die Seite zu stellen sein«. Der »Heroismus« der SA erwies sich in Überfällen zahlreicher Bewaffneter auf Unbewaffnete und Unvorbereitete, einzelne, im Meuchelmord und in Lynchakten, bei den Demonstrationszügen stand die SA unter polizeilichem Schutz, und am 22. Januar 1933 war die SA auf ihrem berüchtigten Marsch durch die Berliner Arbeiterviertel von einem polizeilichen Massenaufgebot mit Panzerwagen umgeben. Aber die Hitlerpropaganda heroisierte die SA-Männer wie die SS und trieb mit ihren Toten einen Kult, der wieder an religiöse Bräuche und Überlieferungen der Märtyrerlegenden anknüpft, um auf den »kleinen Mann« Eindruck zu machen.

Das »Braunhemd«, eine Imitation des Schwarzhemds der italienischen Faschisten, das seinerseits das rote Garibaldihemd kopierte, wurde zum »heiligen Rock«, Erinnerungen an den Soldatenrock, das »Ehrenkleid«, spielten dabei eine große Rolle. Der Zuhälter Wessel wurde zu einem Nationalhelden gemacht, seine schlechten Verse, die nach einer Rummelplatzmelodie gesungen werden, wurden Nationalhymne, wobei man sie noch obendrein fälschte und statt des Wortes »Barrikaden« »Straßen« setzte. Die Opfer des Provokateurmarsches vom 9. 11. 1923 sind wie Heilige bestattet worden, gleichwohl sich unter ihnen Abenteurer dunkelster Herkunft befanden. Maikowski, der wegen seiner kriminellen Handlungen von seinen eigenen Leuten am 30. Januar 1933 erschossen wurde, erhielt ein Staatsbegräbnis. Auf den Parteitagen findet in Nachahmung jüdischer religiöser Totenfeiern eine besondere Totengedächtnisfeier statt. Die Hitlerpropaganda schreckt nicht davor zurück, auf Kosten der Toten ihren gewerbsmäßigen Menschenfang zu treiben, und veranstaltet eine Reliquienverehrung, wie sie einst nur bei barbarischen Völkern üblich war.

Hat man an das Grauen gerührt, das die meisten Menschen vor dem Tode empfinden, so appelliert man mit gleicher Stärke an die militärischen Vorstellungen, die besonders die kleinbürgerlichen Massen Deutschlands beherrschen und ihren Enthusiasmus erregen; so treibt die Hitlerpropaganda den Fahnen- und Standartenkult, sie sprach die Fahne vom 9. November 1923 als »Blutfahne« heilig und gründete sogar einen »Blutorden«, dem alle Provokateure vom 9. November 1923 angehören, schuf sich die Hakenkreuzfahne, um ihre nationalistische Aggressivität wie ihre soziale Demagogie und ihren Rassenaberglauben zu verkünden. In der Hitlerpropaganda bedeutet das Hakenkreuz, »das uralte Zeichen unserer Urväter, das ewig neue Sonnenzeichen des Aufstiegs, der Reinheit und der Ehre«. (Göring im Reichstag, 21. März 1933)

Die Hitlerpropaganda erfand verschiedenste Abzeichen für verschiedene Gelegenheiten in der Spekulation auf die Sucht kleinbürgerlicher Schichten, sich mit Auszeichnungen zu schmücken. Es gibt bereits weit über 200 verschiedene Abzeichen, die vor allem auch die Sammlerwut anregen. Zugleich aber beabsichtigte man auch, soziale Demagogie zu treiben – am 1. Mai 1934 verfiel man auf den Gedanken, Hammer und Sichel auf den Plaketten zum »Tag der Arbeit« anzubringen, Sinnbilder der schaffenden Arbeit, man stahl den Einfall dem Wappen der Sowjetunion, aber Hitlers Worte in ›Mein Kampf‹ wurden nicht gestrichen, dass »der Hammer den freimaurerischen Einschlag, die Sichel den grausamen Terror« bezeichnen.

§ 4: Nationale Phrase – nationaler Verrat

LLOYD GEORGE hat behauptet, die Geburtsstätte des Nationalsozialismus liege in Versailles; dieser Ausspruch ist wie so mancher andere Ausspruch dieses Friedensmachers von Versailles nur eine Scheinwahrheit. Es gibt zahlreiche Beispiele in der Geschichte, dass eine militärische Niederlage nicht zum Siege der Reaktion im Lande führte, sondern gerade im Gegenteil zu großen revolutionären Umwälzungen und zu einer völligen Veränderung der Gesellschaftsstruktur des Landes, das in eine neue Epoche seiner Geschichte eintrat. In Deutschland kam es nicht zu dieser Entwicklung, nicht zuletzt durch die Schwäche der Republik gegenüber den Kräften, die den Krieg wie den Zusammenbruch verschuldet hatten und es verstanden, das Odium ihres Bankrottes anderen aufzubürden. Von weit tragenden Folgen war die Ablehnung eines Bündnisses mit der USSR im November 1918 durch die Volksbeauftragten. Das Beispiel, das das revolutionäre Frankreich im Sommer 1792 gegeben hatte, fand keine Beachtung. Endlich verweigerten die Westmächte der Weimarer Republik Zugeständnisse, die sie später Hitler in weitestem Maße gewährt haben.

Die Schwerindustrie wie die Generalität, schuldig des Krieges, schuldig des Zusammenbruches, erhielten eine Atempause und wussten sie zu nutzen, ihre Interessen nahmen zunächst verschiedene »völkische« Gruppen wahr, bald aber die Hitlerpartei, die sich allmählich an die Spitze setzte und aus der nationalen Notlage das größte Kapital für die Interessen zu schlagen wusste. Die Hitlerpropaganda bot alle ihre Künste auf, um durch nationale Phrasen, die in stärksten Tönen verkündet wurden, ihren Anhängern einzureden, dass die »nationale Befreiung« der »sozialen Befreiung« vorangehen müsse; sie unternahm ein solches Manöver besonders deshalb, damit nicht, wie Oberst Hierl in den ›Grundlagen einer deutschen Wehrpolitik‹, S. 33 schrieb, »der revolutionäre Befreiungskrieg der unteren Schichten zu einer Explosion führe, der unser eigenes Haus zerstört«. Ausdrücklich forderte Hierl die Umwandlung des Druckes, der auf dem Volk laste, »in eine Triebkraft zur nationalen Befreiung«.

In ihrer nationalen Propaganda ging es der Hitlerpropaganda nicht um die nationale und soziale Befreiung Deutschlands, sondern um andere Interessen. Sie entfernte mit einem Federstrich Tirol aus ihrem »Befreiungskampf« und schloss mit dem »polnischen Erbfeind«, dem die Preußen nach nationalsozialistischen Schriften erst das »Waschen beigebracht haben«, einen Freundschaftsvertrag.

»Und im Osten suchen die Polen, die von den Preußen erst gewaschen, zu Menschen gemacht und an Ordnung gewöhnt worden sind, diese einzige Gelegenheit zu benutzen, um ein größeres Polen zusammenzurauben, während sie sich in ihrer Geschichte auch nicht das kleinste Polen selbst verdient haben.« (Möller van den Bruck, ›Sozialismus und Außenpolitik‹)

Der Hitlerpropaganda ging es nur um die Ausnutzung der nationalen Notlage für ihre Zwecke, um die Mobilisierung der bürgerlichen Massen für ihre Partei, für den Wiederaufstieg der Schuldigen an der Katastrophe, die wie die erz- und landhungrigen Ruhrindustriellen und Alldeutschen ihre Geldgeber und wie Ludendorff und die Hohenzollernprinzen ihre Schaustücke bei den ersten Paraden und Kundgebungen waren. Die republikanischen Führer waren kurzsichtig genug, ihnen ihr demagogisches Spiel zu erleichtern, den Generälen ihre Bankrotterklärung abzunehmen und nicht die geschlagenen Marschälle mit der weißen Fahne zum Feinde zu schicken, sondern selbst zu den Waffenstillstandsverhandlungen zu fahren.

Aus der feigsten Tat geschlagener Heerführer münzte die Hitlerpropaganda eine ihrer erfolgreichsten Lügen und erfand die Legende von dem »im Felde nicht geschlagenen, siegreichen Heer, das nur durch den Dolchstoß aus der Heimat niedergeworfen wurde«. Mit dieser Lüge hat die Hitlerpropaganda die Massen des bedrückten nationalen Deutschlands für ihre Parteiinteressen eingefangen. Ludendorff log, um seine Niederlage zu verbergen: »Schließlich entwaffnete die Politik, vertreten von den sogenannten Volksbeauftragten, das vom Feinde unbesiegte Heer und lieferte Deutschland dem Vernichtungswillen des Feindes aus, um in Deutschland die Revolution ungestört durchzuführen.« (Ludendorff ›Kriegführung und Politik‹)

Wie überall, muss auch hier der Gefreite Hitler den General Ludendorff übertreffen; Hitler schreibt: »Kaiser Wilhelm II. hatte als erster deutscher Kaiser dem Marxismus die Hand zur Versöhnung gereicht, ohne zu ahnen, dass Schurken keine Ehre besitzen. Während sie die kaiserliche Hand noch in der ihren hielten, suchte die andere schon nach dem Dolche.« Wie im Jahre 1918 dieser »Dolch« benutzt wird, schildert ein Knappe Hitlers namens Albert Reich, der gleich seinem Führer »Kunstmaler« ist, in der Schrift ›Vom 9. November 1918 zum 9. November 1923‹: »Die schlappe Regierung des Reiches, gestützt von vaterlandslosen marxistisch-jüdischen Ratgebern, drängt bei der Obersten Heeresleitung auf Einstellung des bewaffneten Widerstandes. Zwei Tage später, am 27. Oktober, ist das Verräterwerk vollendet. Der Dolchstoß in den Rücken der tapfersten Armee, die die Weltgeschichte kennt, ist erfolgt.« Der deutschen Jugend wird diese Lüge folgendermaßen beigebracht: »Nicht persönliche Tapferkeit, sondern die Kriegsmaschine, Lüge und Verrat entscheiden den Ausgang; Hagens Speer fällt in Siegfrieds Rücken. (Anleitungen zur unterrichtlichen Gestaltung der Heereinheit ›Aufbruch der

Nation‹ für Unter-, Mittel- und Oberstufe der bayerischen Volksschulen) Was gelten gegen derartige Verfälschungen alle Tatsachen und Dokumente, was gilt die Wahrheit geschichtlichen Geschehens? Im Interesse der früheren Herren und der mit Hitlers Hilfe neuen Herren Deutschlands musste diese Legende verbreitet, diese Lüge dem Volk aufgedrängt werden.

Diese Lüge wurde durch Millionen von Flugblättern, Broschüren, Plakaten, in Versammlungen und vor allem auch durch die harten Fäuste der SA-Kolonnen der »Masse« eingebläut, mit Glocken, Trommeln und Pauken im Lande verkündet, und ihr Lärm war so stark, dass er selbst die Worte eines reaktionären deutschen Historikers, Delbrück, übertönte und totschlug.

Trotz verschiedener Einschränkungen erhob Delbrück gegen die Dolch-stoßlüge seine Stimme und schrieb: »Ich habe Briefe von tapferen jungen Offizieren von der Front noch aus dem Oktober gelesen, die allein die Heimat für schuldig erklären an dem militärischen Niederbruch; die Urlauber, die zurückgekommen, die Briefe, die von Hause anlangten, hätten die Stimmung der Truppen vergiftet und verdorben, hätte man der demokratischen Strömung nicht so weit nachgegeben, hätte man die Zuversicht in der Heimat stark gehalten, so würde auch die Front nicht nachgegeben haben.

Das mag richtig sein vom Standpunkt des Kompanieführers. Aber es wird im Kausalzusammenhang der Strategie widerlegt durch die Ereignisse. Alle Nachrichten stimmen darin überein, dass die Stimmung der ganzen Armee, als sie am 21. März dieses Jahres zur Offensive schritt, so glänzend war wie je, nichts nachgebend, selbst dem stürmischen Drang nach vorwärts im August 1914 nicht. Trotzdem haben wir weder Arras noch Amiens noch Ypern erreichen können. Irgendein unglücklicher Zufall, ein Nebel trat ein, störte die Überraschung, und der Erfolg blieb stecken. Die Übermacht war vermöge des Zutritts des Amerikaners eben viel größer als angenommen war, und nicht nur die Überzahl an Mannschaft, sondern auch an Tanks, Flugzeugen, an Artille-rie, an Munition. Infolgedessen waren auch unsere Verluste so ungeheuer, dass endlich die Kraft erlahmte – und jetzt, jetzt erst kam der Umschlag der Stimmung. Er vermag von der Heimat aus gefördert worden sein – aber was hätte selbst die beste Stimmung nach dem Verlust von einer halben Million gegen den sich noch immer verstärkenden Feind und sein unerschöpfliches Material auszurichten vermocht?

Nein, die Truppen darf man wahrlich deshalb nicht belasten, dass sie, die Unmöglichkeit des Erfolges deutlich vor Augen sehend, endlich auch in ihrer Stimmung nachgelassen haben. Es ist doch dieselbe Armee, die vier Jahre lang das Unerhörteste von Heldentum und Ausdauer geleistet hat, und bis zum Schluss haben sich immer noch Tapfere gefunden, die die Waffenehre gewahrt haben. Der Feldzug und der Krieg sind verloren gegangen, nicht weil die

Stimmung zusammengesunken war, sondern die Stimmung versagte, als die Truppe zu fühlen begann, dass sie den Krieg nicht mehr gewinnen könne.«

Alles ist gut, wahr, groß, edel, heilig, »deutsch«, wenn es nur dem einzigen Zweck dient: Erhaltung, Festigung und Ausbau der nationalsozialistischen Diktatur.

Die Erfahrungen des Ersten Weltkrieges haben die militärischen Leiter der Hitlerpropaganda gelehrt, dass die breiten Volksmassen in den Krieg nur geführt und zum Durchhalten nur bewogen werden können, wenn sie innerlich überzeugt sind, dass sie, das heißt, »Deutschland«, angegriffen wurden. Um dieses Gefühl zu erwecken und für kommende Kriegszeiten zu festigen, ist die heute am häufigsten, fast täglich wiederholte Lüge der Hitlerpropaganda im Radio und in der Presse, in den Kundgebungen und Schulen die Lüge von der »organisierten Einkreisung Deutschlands« (die Hitlerpropaganda macht sich hier geschickt die alte, gleich lautende Propaganda der Alldeutschen um 1910 zunutze, auf deren Theorien und Schriften sie weiter baut) und von der unablässig seit dem Weltkrieg bis heute andauernden und sich steigernden »Feindespropaganda zur Erreichung der gewollten Einkreisung«.

Die Hitlerpropaganda schätzt die Methode der ständigen Wiederholung eines einzigen Gedankens, bis er auch den »letzten Mann« erfasst hat, als wichtigste und erfolgreichste Propagandamethode ein. Diese Methode der unablässigen, ständigen Wiederholung wird gerade hier angewandt, um dem letzten, mit Hitler zu sprechen, auch dem »beschränktesten Deutschen« das Gefühl aufzudrängen: »Wir sollen isoliert, eingekreist, dann überfallen und vernichtet werden. Wenn es einmal losgeht, erinnere dich, wir sind überfallen, wir sind angegriffen, wir sind in Notwehr und wir müssen uns verteidigen.« Worte, Bilder, Farben, Anstrich wechseln in der Propaganda, der Inhalt bleibt der gleiche, Friedrich Schoenemann hält heute noch Deutschland von der gegnerischen Propaganda ständig für bedroht, indem er schreibt:

»Heute muss jeder intelligente Deutsche wissen, was uns die Propaganda der Feinde angetan hat und noch täglich zufügt, wie sie uns betrügt, gegeneinander hetzt und zermürbt.«

Dieser Propaganda, die in einem krassen Widerspruch zu den Tatsachen steht, ist freilich nur Erfolg beschieden, wenn es gelingt, nicht nur jede andere Meinung und Einschätzung, sondern sogar jede andere Mitteilung und bloße Nachricht über Zeitereignisse von vornherein als »unwahr«, »ungerecht«, »falsch«, »Lüge«, »Teufelswerk der Marxisten, Juden, Freimaurer, Demokraten und Bolschewisten« in den Augen der deutschen Volksmassen erscheinen zu lassen.

§ 5: Die soziale Demagogie

DIE HITLERPROPAGANDA wird nicht müde zu verkünden, was Hitler der Welt an Ideen und Taten geschenkt haben soll. Als größte und genialste Gabe des »Führers« wird unablässig die »Rettung des deutschen Arbeiters«, die »Rückgewinnung der deutschen Arbeiter für die Nation«, »die Versöhnung der Klassen«, »die Überwindung des internationalen marxistischen Klassenhasses« und die »erstmalige weltgeschichtliche Synthese zwischen national und sozial in der National-Sozialistischen Deutschen Arbeiterpartei« angepriesen und gefeiert. Nach der Hitlerpropaganda stehen die NSDAP und das Hitlerregime über allen wirtschaftlich streitenden Klassen und Gruppen in Deutschland, und wie eine Mutter, der alle Kinder gleich lieb sind, weist das Regime Lohn- und Profitraten gerecht zu.

Mit den Tatsachen und der rauen Wirklichkeit aber hat die Legende von der »sozialen Rettung der deutschen Arbeiter« und »der Versöhnung der Klassen«, von der »Schaffung der deutschen Volksgemeinschaft« und der »Errichtung eines sozialistischen Deutschlands unter der Führung Hitlers« (Friedrich Schoenemann, ›Die Kunst der Massenbeeinflussung in den Vereinigten Staaten Amerikas‹, 1926, Berlin-Leipzig) nichts zu tun. Wie überall, kommt es auch hier der Hitlerpropaganda darauf an, den Schein als Sein, die Illusion als Wirklichkeit auszugeben.

Hitler war nicht der erste, der den propagandistischen Kunstgriff versuchte, durch Entlehnung von Worten wie durch Fälschung der Begriffe der sozialistischen Bewegung und des Wortes »Sozialismus«, die um die Wende des Jahrhunderts immer stärker wachsende sozialistische Massenbewegung für chauvinistische Spekulationen und kapitalistische Interessen abzubiegen, umzuleiten und einzufangen. Ähnliche Versuche sind schon vor Hitler vielfach unternommen worden. Maurice Barrès, einer der bedeutendsten Vertreter des französischen Nationalismus, bekämpfte wie Hitler angeblich nicht den Sozialismus an sich, sondern den Sozialismus, der sich mit dem Internationalismus verbunden habe, und verlangte schon im Jahre 1896 die »Vereinigung der sozialistischen und nationalen Idee« *(»Sur l'union de l'idée nationale je ne crains jemais d'insister«)*. Für Barrès handelte es sich um die dynamische Kraft einer solchen Verbindung, um die »zusammenlaufende Macht« *(la puissance convergente)* beider Ideen.

Barrès war nicht der einzige, der es versuchte, den gewaltigen Aufstieg der sozialistischen Bewegung durch Übertragung nationalistischer und versteckt kapitalistischer Ideen umzuleiten und dem »materialistischen-marxistischen, internationalen Sozialismus« einen angeblich besseren, nationalen Sozialismus entgegenzustellen. Allerdings hat es vor dem Krieg keine bedeutende »national-soziale« Bewegung großen Umfanges gegeben.

In Deutschland ist die Partei des Hofpredigers Stoecker, in dem der Nationalsozialismus einen »Vorläufer« Hitlers sieht, eine Episode geblieben, bei Stoecker findet man die soziale Demagogie wie einen rabiaten Antisemitismus und auch bereits eine lärmende Propaganda, sodass Bismarck erklärte, man müsse, wenn Stoecker gestorben sei, »sein Maul extra totschlagen«. Auch die Gruppe Friedrich Naumanns, die sich den Namen »national-sozial« gab und außenpolitisch die Expansion des deutschen Imperialismus mit dem Schlagwort »Mitteleuropa« besonders im Krieg propagierte, eroberte keinen Boden unter den Massen, sondern nur unter intellektuellen Schichten, Goebbels z. B. betätigte sich in seinen Anfängen als Lehrling der »national-sozialen« Ideen Naumanns. Schon im Jahre 1905 veröffentlichte Naumann seine Gedanken in einer Schrift »Nationalsozialer Katechismus« und gewann einige Überläufer aus dem sozialdemokratischen Lager wie Maurenbrecher.

Hingegen hatten die »christlich-sozialen« Bewegungen in einigen Ländern, namentlich in Österreich, größere Erfolge aufzuweisen.

Hitler hat von der österreichischen christlich-sozialen Bewegung, die zugleich ausgesprochen antisemitisch war, vieles übernommen, wie er selbst in seinem Buch zugibt, er führt dort aus, dass die großdeutsche Bewegung »national, allein leider nicht sozial genug war, um die Massen zu gewinnen«. Das soziale Moment wird aber auch hier von Hitler nicht als Selbstzweck, sondern nur als Mittel angesehen, um die Massen vom Kampf um die Verwirklichung des Sozialismus abzulenken und für den Nationalismus und die hinter ihm stehenden großindustriellen Interessen zu gewinnen. Aus diesem Grunde gelangt Hitler zu der Feststellung: »Die alldeutsche Bewegung hatte wohl Recht in ihrer prinzipiellen Ansicht über das Ziel einer deutschen Erneuerung, (weil sie national war! Verf.) war jedoch unglücklich in der Wahl des Weges« (weil sie nicht sozial genug war; Verf.). Hingegen besaß nach Hitler die »christlich-soziale Bewegung eine unklare Vorstellung über das Ziel einer deutschen Wiedergeburt, hatte aber Verstand und Glück beim Suchen ihrer Wege als Partei«. Sie begriff nämlich »die Bedeutung der sozialen Frage«, besaß aber »keine Ahnung von der Macht des nationalen Gedankens«.

Es ist kein Zufall, dass die mit dem Namen Hitlers verbundene Bewegung in Deutschland als nationaler Sozialismus und nicht als sozialer Nationalismus siegte. Hitler und seine Auftraggeber hatten begriffen, dass der Versuch der Organisierung einer neuen bürgerlichen Partei mit einer Massenpropaganda besonders unter den Millionen gewerkschaftlich und sozialistisch organisierter Arbeiter nur gelingen konnte, wenn dabei die stärkste Betonung auf den »Sozialismus« gelegt wurde. Die Armee lieh Hitler ihre Unterstützung, um die Massen national zurückzugewinnen, während die schwerindustriellen- und finanzkapitalistischen Gruppen Hitler förderten, um den gewaltigen sozialistischen Strom, der nach Kriegsende Deutschland erfüllte und drohte, mit der Monarchie auch wichtige kapitalistische Machtpositionen hinwegzuschwemmen, aufzuhalten und abzulenken.

Nach dem Zusammenbruch im Jahre 1918 erlebte die sozialistische Bewegung in Deutschland einen gewaltigen Aufschwung. Die sozialdemokratische Partei übernahm die Regierung. Den Massen schien der Sozialismus die einzige Rettung aus der nationalen und sozialen Notlage. Der Ruf nach Sozialismus erfüllte das Reich. Alle Parteien, alle Richtungen mussten dieser großen, breiten Bewegung Rechnung tragen, sogar die demokratische Partei sah sich gezwungen, in ihrem Gründungsaufruf verschiedene »Sozialisierungsmaßnahmen« zu fordern. Diesen Aufruf hat u. a. ein Mann unterschrieben, der den Namen Hjalmar Schacht trägt und heute Wirtschaftsminister der Hitlerregierung ist. In gewaltigen Streiks, Demonstrationen und Volkserhebungen wurde die Verwirklichung des Sozialismus gefordert.

Unter dem Druck dieser Volksbewegung für den Sozialismus veröffentlichten die Volksbeauftragten den bekannten Aufruf »Die Sozialisierung ist da!«, durch den sofortige Sozialisierungsmaßnahmen als unmittelbar bevorstehend angekündigt wurden. Der Aufruf schloss mit den Worten: »Das Reich wird dafür sorgen, dass den Forderungen des Gemeininteresses nirgends in kapitalistischen Privatinteressen entgegen gewirtschaftet wird. Und das ist Sozialismus. Das Reichsministerium.« Die Begriffe »Gemeininteresse und nicht Privatinteresse« sollten bald darauf in den Worten »Gemeinnutz geht vor Eigennutz« zum führenden Schlagwort der sozialen Demagogie der Hitlerpropaganda werden. Aber der Sozialismus blieb aus, die Sozialisierung stand nur auf dem Papier. Die Massen waren enttäuscht nicht vom Sozialismus, sondern weil der Sozialismus *nicht* verwirklicht wurde. Diese Massenstimmung wurde von der Hitlerpropaganda gerissen benutzt, um dem »alten marxistischen, jüdischen Sozialismus, der versagt hatte«, den »neuen, wirklichen, deutschen nationalen Sozialismus« gegenüberzustellen und zu propagieren.

Sobald Hitler faktisch der Führer seiner Partei geworden war, taufte er ihren Namen »Deutsche Arbeiterpartei« um und übernahm den Namen der verwandten deutschen Partei in der Tschechoslowakei, indem er seine Partei gleichfalls »Nationalsozialistische Deutsche Arbeiterpartei« nannte. Hitler kam es vor allem darauf an, durch die Betonung des sozialistischen Namens seiner Partei die Massenpropaganda unter den sozialistisch gestimmten Volksmassen für seine Zwecke leichter betreiben zu können. Später trugen andere, besonders Feder, noch schärfere sozialistische Parolen in die Bewegung, die eine große propagandistische Bedeutung erhielten und in den hungernden Massen, die nach dem Zusammenbruch und den nicht durchgeführten sozialistischen Maßnahmen enttäuscht waren, die Hoffnung erweckten, dass diese neue nationalsozialistische Bewegung ihnen endlich den Sozialismus bescheren würde. Die soziale Demagogie wurde neben der propagandistischen Ausbeutung der nationalen Notlage der wichtigste Hebel der Hitlerpropaganda zur Schaffung einer Massenbewegung.

Die Hitlerpartei organisierte als erste bürgerliche Partei die Massenpropaganda in breiten Volksschichten. Hitler sprach von »der sozialen Rettung als dem Umweg zur nationalen Erziehung«, meinte aber in Wirklichkeit die propagandistische Ausnutzung der sozialen Not und Unzufriedenheit.

Die Unzufriedenheit hatte durch die allgemeine Not nach dem Zusammenbruch in Deutschland breiteste Schichten des Volkes ergriffen, und die Hitlerpropaganda unternahm den Versuch, alle Unzufriedenen, gleichgültig, welchen Klassen und Schichten, Gruppen und Organisationen sie entstammten, in eine Bewegung gegen die Republik und für die Machteroberungspläne Hitlers zusammenzubringen. Nachdem Hitler Reichskanzler geworden war, hat Goebbels im Jahre 1933 in seiner obligatorischen Lobrede am Geburtstag seines Führers die tiefgründige Frage untersucht: Was war eigentlich die größte Leistung Hitlers? Und Goebbels Antwort lautete: »Die geniale Vereinfachung der allgemeinen Not und Verzweiflung.« Was Goebbels hier Hitler zuschreibt, war der erfolgreichste demagogische Trick der Hitlerpropaganda; in dieser Formulierung enthüllte Goebbels den Sinn des hitlerschen »Sozialismus«.

Die Hitlerpropaganda unternahm den Versuch, die Not und Verzweiflung aller Schichten und möglichst jedes einzelnen auf einen Nenner zu bringen. Dieser Gedanke konnte weder nachgewiesen noch ernsthaft begründet werden, übte aber die denkbar stärkste Wirkung auf alle aus, die unter ihrem Missgeschick litten und des Zusammenpralls der gesellschaftlichen Kräfte müde waren.

Allmählich erschien Hitler einer immer größer werdenden Schicht als der Mann, der »uns zusammenbringt, der Deutschland wieder versöhnt, den Sozialismus verwirklicht.« Die Hitlerpropaganda unterließ absichtlich, bewusst jede Untersuchung über die vielfachen und komplizierten Ursachen der Notlage verschiedener Schichten, sie begnügte sich vielmehr, die Tatsache der Not festzustellen, und unterstrich, dass diese Not eine allgemeine Erscheinung darstelle, für deren Beseitigung alle interessiert werden müssten. Jeder dachte und hoffte, dass, wenn allen geholfen, auch ihm geholfen würde, jeder erwartete, dass er das, was ihm fehlte, eines Tages erhielte.

Der »Sozialismus« Hitlers war nichts anderes als die Bezeichnung für diese Hoffnung. Die meisten seiner Anhänger waren zwar infolge widerstreitender wirtschaftlicher Interessen vom Hass gegen einen anderen Teil der von der

Hitlerpropaganda zu Gewinnenden erfüllt, der Hitlerpropaganda gelang es aber mit ihren raffinierten Methoden, jeder der widerstreitenden Gruppen einen Dritten als gemeinsamen Feind und allein Schuldigen an der Not erscheinen zu lassen. Als Feinde und Schuldige wurden bezeichnet: der Jude, der Marxist, das internationale Judentum, der internationale Marxismus, der jüdische Marxismus.

Hitler charakterisiert diese Propagandamethode in seinem Buch mit folgenden Worten: »Es gehört zur Genialität eines großen Führers, selbst auseinanderliegende Gegner immer als zu einer Kategorie erscheinen zu lassen.« Die Aufgabe, die sich die Hitlerpropaganda gestellt hatte, war nicht leicht, weil die Versprechungen, die den verschiedenen Gruppen gegeben wurden, häufig in krassem Widerspruch zueinander standen. Es musste sich eine besondere Technik der Propaganda herausbilden, damit die sachlichen Widersprüche möglichst wenig in Erscheinung traten, vielmehr getarnt und verschleiert wurden. Die Hitlerpropaganda brachte es fertig, gleichzeitig vor einem Auditorium gegen das Kapital zu wettern, und vor einem anderen Forum die Notwendigkeit und Heiligkeit des Kapitals nachzuweisen. Sie half sich dabei mit dem Trick, zu behaupten, dass es sich in dem einen Fall um das »raffende«, im anderen Fall aber um das »schaffende« Kapital handele. Das »raffende« Kapital war jüdisch, das »schaffende« aber arisch. »Der Arier erschafft, der Jude errafft sich die Welt«, schrieb Feder. Einer der wirtschaftlichen Grundsätze der Hitlerpropaganda forderte: »die gesunde Mischung von kleinen, Mittel- und Großbetrieben auf allen Gebieten des wirtschaftlichen Lebens«. Diese Formel ermöglichte es, je nach den Umständen die Großindustrie oder den Großgrundbesitz entweder zu verteidigen, weil sie dieser »gesunden Mischung« entsprächen, oder zu bekämpfen, weil sie über die »gesunde Mischung« hinausgingen.

Eine besondere Note erhielt der hitlersche ›Sozialismus‹ dadurch, dass sich der Hitlerbewegung eine Reihe von Offizieren auf dem Weg über die Wehrverbände anschloss, die aus dem Kriegserlebnis unklare, rein gefühlsmäßige Vorstellungen von der Weiterentwicklung der Frontkameradschaft in Verbindung mit irgendwelchen sozialen Ideen mitbrachte. In den Schriften Jüngers, Moeller van den Brudks und anderer fanden diese Vorstellungen einen Niederschlag als »soldatischer Sozialismus«. Rosenberg griff diese Ideen auf und fand für sie im »Mythos« folgende Formulierung: »Der Sozialismus der grauen Front von 1914/18 will staatliches Leben werden.«

Der Massenverbrauch von Offizieren im Weltkrieg hatte die soziale Struktur des alten Offizierskorps wesentlich geändert, Söhne aus kleinbürgerlichen Kreisen, von Mittelbauern, mittleren und kleinen Beamten konnten Offiziere werden. Viele von ihnen kehrten mit den Erfahrungen, die sie im Laufe des Krieges durch die Bekanntschaft mit gewerkschaftlich und sozialistisch organisierten Arbeitern gemacht hatten, zurück und trugen sich mit der Absicht, die bei den Arbeitern festgestellte Solidarität, Opferfähigkeit und Disziplin für die nationale Bewegung in einem »neuen Reich« nutzbar zu machen, den »psychologischen« oder »soldatischen Sozialismus« mit der nationalen Bewegung zu verbinden. Gewissen Gruppen aus diesem Kreis setzten sich in der nationalsozialistischen Bewegung später für die »ganze« Revolution heftig ein. Besonders in den Jahren 1932, 1933-34 waren es diese Gruppen, die in der SA die zweite Revolution forderten, indem sie behaupteten, die erste sei die »nationale« Revolution gewesen, die zweite müsse die »soziale Revolution« werden.

Gegen diese immer dringender erhobene Forderung nach der Durchführung der »zweiten« und »ganzen« Revolution wandte sich besonders Göring, der erklärte, dass sich nicht nur eine nationale, sondern bereits eine nationalsozialistische Revolution vollzogen habe. »Wenn wir heute«, sagte u. a. Göring, »eine nationalsozialistische Revolution haben, so betonen wir auch hier wieder, dass es sich um eine nationalsozialistische Revolution handelt und dass es nicht angeht, immer nur von einer nationalen Revolution zu sprechen, denn nicht nur der deutsche Nationalsozialismus hat sich zum Durchbruch verholfen, sondern wir sind besonders glücklich, dass auch der deutsche Sozialismus gesiegt hat, denn nur wer den deutschen Sozialismus anerkennt, ist wahrhaft national.«

Diese Erklärungen waren nicht nur gegen die Masse der Arbeiter, die nach der Machtübernahme Hitlers die Verwirklichung der sozialen Versprechungen forderten, sondern auch gegen Kreise in der nationalsozialistischen Bewegung, besonders gegen die SA, selbst gerichtet, die sich den Sieg des deutschen Sozialismus anders vorgestellt hatten und von der zweiten, der sozialen Revolution, träumten. Diesem Traum hatten am 30. Juni 1934 Maschinengewehre ein Ende zu machen, und die diktatorische Erklärung Hitlers vernichtete diese Illusionen, durch die nationalsozialistische Bewegung zur Revolution zu kommen.

Der »soldatische Sozialismus« und der »preußische« deutsche »Sozialismus«, der in den Schriften Jüngers, Moellers van den Bruces, Oswald Spenglers (besonders in seiner Schrift ›Preußentum und Sozialismus‹) spukt, hat der nationalsozialistischen Bewegung in der Frühzeit die Unterstützung und Sympathien auch aus Kreisen der Intelligenz zugeführt. Für die Massenpropaganda waren sie weniger geeignet, wie schon allein die Schlussfolgerungen des Buches Spenglers drastisch zeigen: »Die Verteidigung (des Preußentums und des Sozialismus, Verf.) bedeutet die Erfüllung des Hohenzollerngedankens und zugleich Erlösung der Arbeiterschaft. Es gibt eine Lösung nur für beide oder keine: es gibt nur den preußischen Sozialismus oder nichts.«

Von diesem Sozialismus wie von dem Sozialismus Rosenbergs hatten weder die großindustriellen Unternehmer noch die ostelbischen Gutsbesitzer und alten preußischen Beamten irgendetwas zu befürchten. Es lässt sich nicht schwer erraten, welchen Kreisen Rosenberg aus der Seele sprach, wenn er schrieb: »Bismarck sagte einmal, ein Staat, der ihm das Eigentum nehme, sei sein Vaterland nicht mehr. Das war die Absage eines Herrn ... der Schrei aber, *Eigentum ist Diebstahl,* war der Kampfruf einer unschöpferischen Sklavennatur.« Rosenberg proklamiert das Recht, antinational zu sein, für die Herrenklasse, »wenn ihnen ihr Recht auf dessen Besitz gestohlen würde.«

Man konnte in der Tat den hitlerschen Sozialismus nicht zynischer charakterisieren und den Sozialismus unverfrorener in die Verteidigung des Privat- und Grundeigentums umfälschen. Mit solchem Zynismus haben sich Rosenberg und andere Hitlerpropagandisten über den Sozialismus geäußert, natürlich nur in Büchern, die wegen ihrer sich wissenschaftlich gebenden schwierigen Darstellungsart und ihres absichtlich teuren Preises für größere Leserkreise unzugänglich blieben. Für die breiten Schichten wurde der preußische, deutsche, nationale Sozialismus als Dienst an der Nation oder am Staate, als Sozialismus der Sauberkeit, der Einfachheit, der Pflicht, des Dienstes am Gemeinsamen, an der Volksgemeinschaft dargestellt. Eine besondere Bedeutung für die Hitlerpropaganda erhielt aber die Devise des alten Preußens: *»Suum cuique«* (Jedem das Seine!).

Jedem das Seine

Im nationalsozialistischen Sammelwerk »Deutsche Sozialisten am Werk« erfährt man eine aufschlussreiche Feststellung aus der Geschichte der Bewegung: »Es ist richtig, dass die Partei in den ersten schweren Jahren wenig Arbeiter gewann. Sie bot den geschulten, organisierten Proletariern zunächst weniger, als sie verlangten. Oberst Hierl, der damals noch aktiver Reichswehroffizier war, trat darüber mit Hitler in einen interessanten Briefwechsel. Der Führer sagte damals, es komme erst einmal darauf an, Massen zu gewinnen, wenn auch *kleinbürgerliche* Massen, dann würde der Arbeiter folgen.« Diese Angaben decken sich mit den Propagandaanweisungen Hitlers selbst, die bereits an anderer Stelle geschildert wurden.

Die Hitlerpropaganda war sich bewusst, dass sie den politisch geschulten, organisierten Arbeitern nichts bieten konnte, es aber viel leichter haben würde, kleinbürgerliche Massen einzufangen, deren Stimmungen und Aspirationen sie auszunutzen vermochte. Die Großindustriellen, die hinter Hitler standen, dachten nicht daran, den kleinbürgerlichen Schichten einen Anteil an der Macht einzuräumen, und der Hitlerpropaganda ging es deshalb nur darum, in den kleinbürgerlichen Schichten und Jugendlichen, die leicht zu erobern waren, Anhängermassen zu gewinnen, mit denen sich eine Macht vortäuschen ließ, von der man sich auch Einfluss auf weniger gefestigte Kreise der Arbeiterschaft versprach. Nach diesem Rezept verfuhr die Hitlerpropaganda überall. Der Schöpfer dieser ausgesprochen kleinbürgerlichen Fassung des Nationalsozialismus war Gottfried Feder, der »Programmatiker« der Bewegung.

Hitler erzählt in seinem Buch, dass die Bekanntschaft mit Feder für ihn eine Offenbarung war. Das war 1919. Hitler gehörte noch keiner Partei an, erörterte aber schon mit seinen engeren Freunden die Bildung einer neuen Partei, die »Sozialrevolutionäre Partei« heißen sollte. Dann hörte er einen Vortrag Feders. »Zum ersten Male in meinem Leben vernahm ich eine prinzipielle Auseinandersetzung mit dem internationalen Börsen- und Leihkapital. Nachdem ich den ersten Vortrag Feders angehört hatte, zuckte mir auch sofort der Gedanke durch den Kopf, nun den Weg zu einer der wesentlichsten Voraussetzungen zur Gründung einer neuen Partei gefunden zu haben.« (Hitler in ›Mein Kampf‹.)

Feder hatte über die »Brechung der Zinsknechtschaft« gesprochen, und Hitler wusste sofort, dass es sich »hier um eine theoretische Wahrheit handelte, die von immenser Bedeutung für die Zukunft des deutschen Volkes werden müsste... In Feders Vortrag spürte ich eine gewaltige Parole für das kommende Ringen.« Die Hitlerpropaganda suchte mit Hilfe der verschrobenen und völlig verkehrten Theorien Feders zu arbeiten und gab sie für »Sozialismus« aus. Feder wandte sich bewusst an die Mittelschichten und suchte in seinen Formulierungen die Mitte zwischen den »beiden Extremen«, d. h. zwischen dem »marxistischen Sozialismus« und dem »hochkapitalistischen Mammonismus« zu finden. Dabei half er sich mit Gegenüberstellung von Schlagworten, von deren Anwendung die Hitlerpropaganda sich Erfolg versprach! Solche Schlagworte lauteten:

Marxistischer Sozialismus: »Alles gehört allen.«

Hochkapitalistischer Mammonismus: »Alles gehört einem.«

Nationalsozialismus: »Jedem das Seine.«

Mit Hilfe solcher Schlagworte brachte man es dahin, dass der »echte Sozialismus« den einzigen unbedingten Schutz des Privateigentums biete. »Alles gehört allen«: das bedeutet, dass alle zugunsten der Allgemeinheit enteignet werden. »Alles gehört einem«: das bedeutet, dass alle durch eine kleine Clique enteignet werden. Wenn aber »Jedem das Seine« zukommt, so behält jeder, was er hat. Feder schrieb ausdrücklich: »Der Nationalsozialismus erkennt die Bedeutung des Privateigentums voll und ganz an«, und fügte auch eine Begründung durch die Rassentheorie hinzu: »Diese Anerkennung des Privateigentums ist zutiefst verankert im arischen Wesen.«

Der zu bekämpfende »Mammonismus« beschränkt sich für Feder bloß auf das »internationale Börsen- und Leihkapital«. In seinen wirtschaftspolitischen Leitsätzen stand zwar: »Riesenbetriebe (Konzerne, Syndikate und Trusts) werden bekämpft«, es wurden aber sehr weitherzige Ausnahmen für das »schaffende Kapital« gemacht. »Wir haben«, schrieb Feder, »im Allgemeinen keine Ursache ... über unser Unternehmertum vor dem Kriege besondere Klage zu führen. Männer wie Alfred Krupp, Mannesmann, Werner Siemens, Thyssen, Borsig, Krauss, Maffei usw. haben sich auch in sozialer Hinsicht einen Ehrenplatz in der Geschichte der deutschen Industrie gesichert. Sie alle waren nicht von einseitigem Gewinnstreben beherrscht, sie alle blieben für ihre Person einfach und bescheiden, nur das Gedeihen ihrer Werke war ihr Leitstern.« Mit solchen Verdrehungen konnte man politisch geschulten, organisierten Arbeitern nicht kommen, die in dem »Sozialismus« feder'scher Prägnanz unmöglich fanden, was sie verlangten!

Bei dem ausgesprochen konservativen Charakter des Grundsatzes »Jedem das Seine«, konnte er an sich nur als Parole der Verteidigung des erworbenen Rechtes, nicht aber als Parole des Angriffs, geschweige denn einer »sozialrevolutionären« Erhebung gebraucht werden, die Hitlerpropaganda brauchte aber, um auf die Massen wirken zu können, einen Feind, der dem ehrlich schaffenden Menschen »das Seine« nimmt. Dieser Feind wurde gefunden, indem sich Feder als Ausgangspunkt die Verschuldung des Gewerbetreibenden wählte. Der Feind war dann derjenige, an den die Zinsen bezahlt werden müssen. Es waren viele Feinde und zugleich – nach dem propagandistischen Grundsatz von Hitler – ein und derselbe Feind: das Leihkapital.

Und das Leihkapital machte man zu einer un-arischen Institution, die verkörpert wurde durch das jüdische Kapital, das »raffende« Kapital, das internationale Börsen- und Leihkapital, das internationale Judentum. Der Marxismus aber wurde als »Diener des internationalen Kapitals und internationalen Judentums« ausgegeben. Die Hitlerpropaganda übernahm das von Feder produzierte Schlagwort: »Der Arier erschafft, der Jude errafft sich die Welt«, und wiederholte es unablässig in verschiedenen Formulierungen. Und da die Hitlerpropaganda sich als Retterin aufspielte, erklärte sie die Welt für krank, sie leide am »Mammonismus«. Die Hitlerpropagandisten, anknüpfend an populärwissenschaftliche Vorstellungen, entdeckten überall Bazillen und gaben ihnen den Namen: »Juden«.

Die Hitlerpropaganda erzählte: »Wenn wir nun nach dem eigentlichen Krankheitserreger suchen, so stoßen wir seltsamerweise überall auf Juden als Führer und hauptsächlichste Nutznießer. Die Judenfrage wird zur Weltfrage, von deren Lösung das Wohl und Wehe der Völker abhängig sein wird.« Andere Propagandisten betätigten sich als Kriminalisten und erklärten wie

Ley, »der Jude, der Marxist« habe dem »wagemutigen deutschen Unternehmer mit Hilfe der Gewerkschaften seine Belegschaft gestohlen.«

Die Hitlerpropaganda erfand aber nun in ihrer kurpfuscherischen Manier ein Heilmittel, das alle Nöte wirtschaftlicher Art heilen sollte, es hieß: »Brechung der Zinsknechtschaft«. Diese Parole sollte zünden. Sie war zwar gar nicht geeignet für die Arbeiter, aber wohl für die kleinen Leute, die Gewerbetreibenden, Händler, Kaufleute, für den kleinen Mann, die ihre Schulden loswerden wollten. »Jedem das Seine«, rief die Hitlerpropaganda, und die Millionen kleiner Leute hofften zuversichtlich, dass das III. Reich die Zinsknechtschaft beseitigen werde und ihnen aus vollen Kräften helfen würde. In der Zeit der schweren Krise fand die Hitlerpropaganda gerade mit dieser Parole einen üppigen Nährboden und vermochte sich rasch zu entfalten.

Einer der 25 Punkte des nationalsozialistischen Programms lautet: »Die Partei … bekämpft den jüdischen, materialistischen Geist in und außer uns und ist überzeugt, dass eine dauernde Genesung unseres Volkes nur erfolgen kann von innen heraus auf der Grundlage: Gemeinnutz geht vor Eigennutz.« Die letzten Worte finden sich, wie oben bereits gesagt wurde, in dem bekannten Plakatanschlag: »Die Sozialisierung ist da«, die Hitlerpropaganda hat nur eine genaue Verdeutschung von Ausdrücken vorgenommen, die im sozialistischen Wortgebrauch geläufig waren. Der Satz: »Gemeinnutz geht vor Eigennutz« ist aber nur eine allgemeine Formel, von der sich zwar verschiedene sozialistische Forderungen ableiten lassen, die aber in sich selbst kein konkretes Programm enthalten.

Die Hitlerpropaganda hat diese Formel oft verwandt, es jedoch aufs peinlichste vermieden, sie fest an ein bestimmtes, konkretes Ziel zu binden. Dafür erfand sie ein anderes Lockmittel: Sie sprach sich keineswegs dagegen aus, dass Erwerb zu verurteilen sei, im Gegenteil, sie propagierte das »berechtigte Streben nach Erwerb, solange sich dieses Streben im Rahmen der Gesamtinteressen hält«, ihm dürfe »in keiner Weise Erschwerungen gemacht werden«. Den Massen aber wurde dafür erzählt, dass die Arbeit eine Ehre und eine Pflicht sei.

Im Programm erhielt dieser »Gedanke« folgenden propagandistischen Ausdruck: »Im Rahmen dieser allgemeinen Arbeitspflicht jedes Deutschen und unter grundsätzlicher Anerkennung des Privateigentums steht jedem Deutschen freie Erwerbsmöglichkeit und freie Verfügung über seinen Arbeitsertrag zu.« Die in diesem Satz erwähnte »allgemeine Arbeitspflicht« wird im vorangegangenen Punkt des Programms bestimmt: »Alle Deutschen bilden eine Werkgemeinschaft zur Förderung der allgemeinen Wohlfahrt und Kultur«, das heißt, die Unternehmer als »Gefolgschaftsführer«.

In diesen Formulierungen sind keine Maßnahmen enthalten, die für irgendwelche Kapitalisten unangenehm werden könnten. Die Hitlerpropaganda stellt sich, als bekämpfe sie Auswüchse, sie erklärt: »Das Wohl des Volkes zieht der maßlosen Reichtumshäufung in den Händen Einzelner eine Grenze.« »Riesenbetriebe (Konzerne, Syndikate und Trusts) werden bekämpft.« »Wucher und Schiebertum sowie die rücksichtslose Bereicherung auf Kosten und zum Schaden des Volkes wird mit dem Tode (!) bestraft.« Die Bekämpfung der Riesenbetriebe brauchte niemand ernst zu nehmen, da es genügte, nur einige wenige Seiten umzudrehen, um das hohe Lob auf Krupp, Mannesmann, Thyssen, Siemens, Borsig usw. zu finden. Was sollte dann noch bekämpft werden? Sonst wurde, abgesehen von Wucher- und Schiebertum, die überall strafbar sind, nur »maßlose« bzw. »rücksichtslose« Bereicherung verurteilt.

Das Wirtschaftsprogramm des Nationalsozialismus war absichtlich so formuliert, dass der Partei stets die Möglichkeit erhalten blieb, auch in den Kreisen für sich zu werben, die an sich ihrem Wesen nach antisozialistisch sein müssen. Von diesen Kreisen wurde nur die Anerkennung der Grenzen verlangt, die durch das nebelhafte »Wohl des Volkes« gezogen werden. Es hat aber wahrscheinlich keinen einzigen Unternehmer in der Geschichte gegeben, der sich nicht zum »Wohl des Volkes« bekannt hätte. Dafür wurde aber den Unternehmern die Sicherung der »freien Erwerbsmöglichkeit« versprochen. Der Nationalsozialismus hat versucht, für *jede* Schicht und *jede* Gruppe eine für sie passende Fassung des »deutschen Sozialismus« zu finden. Wir sehen, dass darunter sogar der »Sozialismus für Kapitalisten« nicht fehlte.

Sozialismus ist …

Auf die Frage: »Was ist Sozialismus?« gibt die Hitlerpropaganda keine klare und eindeutige Antwort, sondern nur Umschreibung. Sinnbilder, manchmal verblüffende agitatorische Formeln, ohne sich auf eine bestimmte Deutung festzulegen. Die Propagandisten haben einen großen Vorrat von Formulierungen zur Verfügung, von denen sie jedes Mal diejenigen wählen, die der Zusammensetzung ihrer Hörerkreise am besten entsprechen. Sie haben auch weitgehende Freiheit gehabt, ihre eigenen Formulierungen zu erfinden, da sie an keine klar umrissene Vorstellung gebunden waren. Als das einzige Kriterium dafür, ob die Formulierung gut oder schlecht, »richtig« oder »falsch« war, galt der propagandistische Erfolg. «Richtig« war das, was stark gewirkt hat. Vergeblich sucht man in der nationalsozialistischen Literatur, was in Wirklichkeit der konkrete Inhalt des Begriffes »Sozialismus« für die Bewegung oder mindestens für ihre Führer ist. Man erfährt, dass die Nationalsozialisten ihren Sozialismus für den »wahren« oder »echten« Sozialismus erklären, dass dieser Sozialismus kein internationaler, sondern ein »deutscher« Sozialismus ist, nicht aber, was er überhaupt bedeuten soll.

Hitler selbst hat sich über seinen »Sozialismus« konsequent ausgeschwiegen. In seinem Buch findet man nichts, was der Klärung des Begriffes dienen könnte. Nur in der letzten Zeit ist er aus diesem vorsichtigen Schweigen etwas herausgegangen und stellte in seiner Rede am 30. Januar 1937 folgende rhetorische Frage:

»Gibt es einen herrlicheren und schöneren Sozialismus und eine wahrhaftigere Demokratie als jenen Sozialismus, der es durch seine Organisation ermöglicht, dass unter Millionen deutscher Knaben jeder, wenn sich die Vorsehung seiner bedienen will, den Weg finden kann bis an die Spitze der Nation?«

Dieser »herrliche« Sozialismus hat also die Aufgabe, der Vorsehung zu helfen, und die Vorsehung bedarf dieses Sozialismus, um sich der Menschen ihrer Wahl bedienen zu können. Ein merkwürdiger Sozialismus und ... eine merkwürdige Vorsehung! Es ist also offensichtlich, dass Hitler über seinen Sozialismus nichts Klares und Konkretes sagen kann und will.

Von den hundert und mehr vorhandenen Erklärungen: Was ist Sozialismus bzw. was ist deutscher Sozialismus in der Hitlerpropaganda, seien hier folgende angeführt:

- »Sozialismus bedeutet die von einem Kollektiv durchgeführte Sicherung des Einzelwesens bzw. ganzer Gemeinschaften vor jeglicher Ausbeutung ihrer Arbeitskräfte.« (Alfred Rosenberg)

- »Sozialismus ist staatliche Sicherung des Einzelnen im Zeichen der Anerkennung seiner Einzelehre und zugunsten des Rassenschutzes.« (Rosenberg)

- Wahrer Sozialismus ist, »wenn das Wohl einer, dem Einzelnen übergeordneten Gemeinschaft darüber entscheidet, was Recht und Unrecht ist.« (Klagges)

- »Wahrer Sozialismus heißt nicht: Allen das Gleiche, sondern: Jedem das Seine.« (Goebbels)

- »Sozialismus ist Hingabebereitschaft.« (Goebbels)

- »Der deutsche Sozialist erklärt, wir müssen der Leistung die Bahn freimachen. Er ist nicht Demokrat, sondern Aristokrat.« (Goebbels)

- Sozialismus ist »das schicksalsgemäße Angewiesensein aller Volksgenossen aufeinander«. (Goebbels)

- »Der Sozialismus ist die Befreiungslehre des Arbeitertums.« (Goebbels) Sozialismus ist »das Evangelium der Leistung, der Arbeit und des Könnens«. (Goebbels)

• »Kölner Dom, das ist deutscher Sozialismus.« (Gregor Strasser) Der Sozialismus ist »die Lebensform, in der die deutschen Energien sich entwickeln, zueinander ordnen und unüberwindlich werden«. (Schwarz van Berk)

• »In dem Wort Sozialismus liegt der Anspruch, dass alles, was unternommen wird, zugleich für den Staat wie für das Volk getan werde.« (Schwarz van Berk)

• »Der Sozialismus ist das ungebrochene und zu seiner reinen Form gestaltete Leben des Volkes selbst.« (Bernhard Köhler)

• »Sozialismus ist die sittliche Selbstbehauptung des Volkes, wie Nationalsozialismus seine leibliche ist.« (Bernhard Köhler)

• »Sozialistisch ist jede Handlung zu nennen, die dem Wohle des Volksganzen dient.« (Dr. Fabricius)

• »Sozialismus ist Dienst an der Nation.« (Alfred Ingemar Berndt) »Es ist der deutsche Sozialismus, der im Soldatentum wiedererscheint.« (Von Tschammer und Osten)

• »Die beste Sozialordnung ist die soldatische für alle Zeiten.« (Robert Ley)

• Sozialismus ist »Lebensbejahung«,

• Sozialismus ist »Gemeinschaft«,

• Sozialismus ist »Kampf«,

• Sozialismus ist »Kameradschaft und Treue«,

• Sozialismus ist »Ehre«,

• »Sozialismus ist das Blut und die Rasse, der heilige tiefernste Glaube an einen Gott.« (Robert Ley)

• Und Rosenberg erzählt im »Mythos« sogar: »Sozialismus ist Polizei.«

Man wird versucht, fortzusetzen: Sozialismus ist alles und nichts. Rückschauend muss man feststellen, dass es den Nationalsozialisten in starkem Maße gelungen war, das Wort »Sozialismus« von seinem früheren konkret fassbaren Inhalt loszulösen, und das war der sozialistischen Arbeiterbewegung gegenüber ein Akt der Zersetzung. Hingegen hat die nationalsozialistische Propaganda mit berauschender Eindringlichkeit den *Gefühlswert*, der aus der vorangegangenen Entwicklung am Worte »Sozialismus« haftete, betont und überbetont. Das Wort wurde inhaltsleer, aber suggestiv. Es wurde von einer beunruhigenden Mystik umhüllt. Es wurde zu einer magischen Formel, zu einem politischen »Sesam öffne dich!«, dem Millionen nachjagten.

Der große Betrug

Die Hitlerpropaganda sah sich vor der schweren Aufgabe, den größten Widerspruch der Hitlerbewegung vor der Arbeiterschaft zu verbergen, der darin bestand, einerseits den Sozialismus zu versprechen, andererseits ihn mit allen Mitteln zu verbergen. Diese Aufgabe wurde umso schwerer, als die kleinbürgerlichen Massen und später auch Schichten der Arbeiterschaft nur deshalb zur Hitlerbewegung kamen, weil sie enttäuscht waren, dass der Sozialismus in der Republik nicht durchgeführt war, umso dringender erhofften und erwarteten sie die Verwirklichung des Sozialismus von der Hitlerbewegung. Um diese nicht leichte propagandistische Aufgabe zu lösen, schuf die Hitlerpropaganda ein ganzes System raffinierter Propaganda- und Agitationsmethoden, indem sie die unklaren, verschwommenen Begriffe und Worte vom »neuen, besseren, echten, nationalen Sozialismus« geschickt ausnützte, um die Massen zu verwirren und irrezuführen.

Die Hitlerpropagandisten wie Hitler selbst hatten eine ganz unklare Vorstellung von der »Masse« und ein völlig falsches Bild von der marxistisch-sozialistischen Arbeiterbewegung. Sie wagten es auch überhaupt erst dann, in diesen Kreisen mit der Propaganda zu beginnen, als sie einen gewissen Massenanhang im Kleinbürgertum und in der Jugend gewonnen hatten, mit dem sie eine Macht vortäuschen konnten. Wie die Hitlerbewegung die »Masse« als sozialen, gesellschaftlichen Faktor einschätzte, und welche Nutzanwendung aus dieser Analyse für die Hitlerpropaganda gezogen wurde, hat Hadamovsky in seinem Buch »Nationale Macht und Propaganda« ausgeführt.

Nach Hadamovsky beginnt die »Masse wirtschaftlich dort, wo die selbstständige Existenz aufhört. Dort endet zugleich die persönliche Verantwortlichkeit, es entsteht das, was wir heute eigentlich als Masse bezeichnen, nicht einfach eine beliebige Zusammenballung von Menschen, sondern eine solche von ganz besonderer Labilität, Beweglichkeit und Explosivität, aus der der Einzelne nicht mehr lösbar ist. Gegenüber dieser Erscheinung versagt infolgedessen sowohl das Gesetz als auch die Methode der gewaltsamen Unterdrückung. Die rein negative Gewaltanwendung führt hier niemals zum Ziel, weil ja die positive Gewalt der Masse ... erfolgreich gegenübergestellt wird, und zwar erst recht bei Presseverboten, denn die Masse ist nun einmal zahlreicher als die Polizei.«

In Erinnerung an Bismarcks Sturz über das von ihm mit aller Schärfe durchgeführte Sozialistengesetz meint Hadamovsky, dass »Propaganda und abgestufte Gewaltanwendung in ganz besonders kluger Form zusammenwirken und sich der Gemeinschaftsbildung der Masse selbst bedienen müssten, wenn ein endgültiger Erfolg erzielt werden soll.« Hadamovsky kommt zum Schluss, dass man »Organisierte nicht auseinander jagt, sondern sie selbst organisiert«.

Nach diesem Rezept, das die »Verbindung einer besonders klug berechneten Propaganda mit abgestufter Gewalt« verlangt, machte sich die Hitlerpropaganda an die Aufgabe, in der Arbeiterschaft die berechtigte Ablehnung gegen die Hitlerbewegung zu überwinden, die Arbeiter ihren alten sozialistischen Organisationen zu entfremden, nationalsozialistisch zu beeinflussen und schließlich in Organisationen unter nationalsozialistischer Führung neu zu organisieren. Agitatorisch benützte die Hitlerpropaganda dabei alle Requisiten und Methoden, die sich auf anderem Gebiet als erfolgreich erwiesen hatten. Die Hitlerpropaganda plünderte nicht nur den Wortschatz der sozialistischen Parteien und Gewerkschaften, sondern versuchte bis ins einzelne die Organisation in den Betrieben und bei der gewerkschaftlichen Zusammenfassung den Organisationen nachzubilden, die sie gerade zerstören wollte.

Mehrere Jahre vor der Machtübernahme Hitlers erschien ein Büchlein für den praktischen Hitlerpropagandisten von G. Stark-Berlin unter dem Titel ›Moderne politische Propaganda‹ (Verlag Frz. Eher Nachf., München), in dem Hinweise für die Propaganda unter Arbeitern gegeben wurden; Stark forderte, der Text der Flugblätter müsse in Arbeitervierteln in derber Weise und in bürgerlichen Vierteln in der tropfenweisen getarnten Art der in dieser Richtung einzigartigen Berliner-demokratischen Blätter abgefasst sein (S. 9). Stark empfahl, Häuserblockzeitungen und Betriebszellenzeitungen zu verbreiten, und verwies ausdrücklich auf das Muster der Zeitungen der Kommunistischen Partei, die Blätter speziell für einen bestimmten Verwaltungsbezirk zuzuschneiden und nur dort zu verteilen (S. 12), für die Betriebszellenzeitungen wurde die Anweisung gegeben, wiederum sich an die Vorbilder der Arbeiterzeitungen zu halten und »Vorkommnisse in dem betreffenden Betrieb entsprechend zu beleuchten«. Um die Arbeiter nicht zu verwirren, riet Stark, das Hakenkreuz zuerst wenig auf Plakaten in Arbeitervierteln zu verwenden, »eher schon in bürgerlichen Vierteln«.

Der Ton und die Melodie der Hitlerpropaganda unter der Arbeiterschaft wechselten entsprechend der Entwicklung der Hitlerpartei von der von der Reichswehr ausgehaltenen kleinen »Deutschen Arbeiterpartei« über die von der Schwerindustrie subventionierte »Nationalsozialistische Deutsche Arbeiterpartei« bis zur Regierungspartei. In der Gründungszeit, als großindustrielle Kreise noch einige Zweifel hegten, ob das Experiment gelingen würde, und gewissen Kreisen in der jungen Bewegung nicht trauten, die ehrlich von einem allerdings völlig wirklichkeitsfremden Sozialismus träumten, überwog noch die Agitation gegen die »marxistischen Vaterlandsverräter«, gegen die »Novemberverbrecher«, für das Dritte Reich und andere nationale Parolen.

Die Lage änderte sich aber, als Hitler unbeschränkter diktatorischer Herrscher in der Partei wurde, die Zusammenarbeit mit der Schwerindustrie zu einem Pakt erweitert wurde, Kirdorf die Broschüren Hitlers unter seinem Namen verbreitete und der kleinbürgerliche Anhang der Partei bereits ein gewisses Ansehen gab. Jetzt ging man dazu über, Anstrengungen zur Zersetzung der Arbeiterschaft zu machen, und die sozialdemagogische Propaganda nahm einen immer breiteren Raum ein. Diese Propaganda wurde in gewissen Zeiten noch wesentlich gesteigert, indem man durch Bluffs und die Vorspiegelung, bereits »das Volk hinter sich« zu haben, hoffte, im Präsidentenpalais und bei den politischen Intrigen politische Geschäfte machen zu können.

In solchen Zeiten zögerte die Hitlerpropaganda nicht, eine offene Hetze gegen die »Leute im Herrenklub«, gegen die »Herrenreiter mit der feinen Haut«, gegen die »Schmarotzer, Schieber, Blutsauger und kapitalistischen Ausbeuter« zu betreiben. Man beruhigte dabei die großkapitalistischen Geldgeber, dies alles geschehe nur, um rascher zur Macht zu kommen, schneller die letzten sozialen Errungenschaften der Republik vernichten zu können. Zu einem Virtuosen dieser schändlichen Propaganda des Volksbetruges entwickelte sich Goebbels, der sich hier die Sporen als Propagandaminister des Dritten Reiches verdiente. Goebbels pflegte in solchen Zeiten in seinem »Tagebuch« zu schreiben: »Um die Partei zu retten, mussten wir wieder einmal an die primitivsten Masseninstinkte appellieren.«

Ihre verlogene »sozialistische« Propaganda steigerte die Hitlerpartei zuweilen auch deshalb, weil die Arbeitslosigkeit vieler Millionen Proletarier und die Notlage des ganzen schaffenden Volkes in den Jahren 1930-1933 wieder eine fast gleich starke Stimmung und Bewegung für eine revolutionäre Umgestaltung Deutschlands und Verwirklichung des Sozialismus schufen wie in den Jahren unmittelbar nach dem Krieg.

Die Hitlerpropaganda zögerte nicht, dieser Massenstimmung Rechnung zu tragen und den Massen die Brechung der Zinsknechtschaft, die Abschaffung aller Ausbeutung, die Revolution und den Sozialismus zu versprechen.

Goebbels rief damals aus: »Die soziale Wunde kann nicht mit dem Pflaster der sozialen Fürsorge geheilt werden«, und »wir sind eine Arbeiterpartei, weil wir uns in der Auseinandersetzung zwischen Geld und Arbeit, die den Anfang und Ausgang des 20. Jahrhunderts bestimmt und bestimmen wird, einseitig auf die Seite der Arbeit und damit gegen das Geld gestellt haben.« Goebbels forderte und versprach die Sozialisierung der Bergwerke, Banken, Großbetriebe. »Ein Bergwerk ist dazu da, dem Volk Kohlen zu geben, damit es Licht und Wärme habe. Fabriken und Häuser, Grund und Boden, Geld und Aktienpakete sind zum Dienste am Volke bestimmt und nicht dazu, ein Volk zum Sklaven zu machen. Die Produktion ist dazu da, dem Volke zu dienen. Nicht das Geld hat die Menschen erfunden, sondern die Menschen das Geld, und zwar damit es dienstbar ist und nicht, damit es sie unterjocht!«

Ein anderes Mal erklärte Goebbels, man wolle einen Staat, in dem die Arbeit und nicht das Geld die Produktion bestimme, und schließt mit den Worten: »Wir haben den Willen, diesem höheren Grundsatz das wirtschaftliche Leben unseres Volkes unterzuordnen.« Bernhard Köhler geht gegen das Eigentum vor: »Das Recht des Eigentums ist kein Unrecht gegen den Nichteigentümer! Unrecht wird es, wenn es ein Vorrecht gegenüber allen wird, die zu einem bestimmten Zeitpunkt noch kein Eigentum haben und von da ab davon ausgeschlossen sein sollen.«

Mit solchen Reden und Artikeln, die sich ständig wiederholten, auf den gleichen Ton gestimmt waren und die gleichen unwahren Versprechungen, Verheißungen und Lügen enthielten, erreichte es die Hitlerpropaganda, dass nicht nur die Millionen Kleinbürger, die vor dem völligen Bankrott standen, sondern auch nichtgefestigte Teile der Arbeiter, besonders in den Jahren 1931 und 1932, von der Hitlerbewegung eine sozialistische Rettung erhofften.

Der Verfasser erinnert sich an eine Begegnung mit einer Gruppe Arbeiter in Frankfurt am Main im Herbst 1932. Diese Arbeiter waren früher Mitglieder einer sozialistischen Organisation gewesen, ausgetreten und Mitglieder der SA geworden. Sie erklärten ihm: »Wir sind die alten und bleiben die alten. Aber bei Euch geht es zu langsam. Adolf macht es schneller. Betrügt er uns, hängen wir ihn auf. Wir sind ja die SA, und dann können wir zusammen den Sozialismus machen, den uns Adolf versprochen hat.«

Dass sogar bei ehemaligen sozialistisch organisierten Arbeitern solche Stimmungen aufkommen konnten, ist nur aus der Notlage der Zeit, aus der langjährigen Erwerbslosigkeit und aus der Skrupellosigkeit zu erklären, mit der die Hitlerpropaganda gewissenlos ihre sozialdemagogische Agitation betrieb. Den Arbeitern wurden nach Eroberung der Macht sofort höhere Löhne, Urlaub, Lebensmittelzulagen und alles versprochen, was sich ein hungernder Mensch wünschen muss. Um Arbeiter als Wähler zu fangen, wurde wenige Tage vor der Wahl am 5. März 1933 auf Riesenplakaten mitgeteilt, die Hitlerregierung habe beschlossen, Millionen Kilogramm Lebensmittel für die Notstandsgebiete zur Verfügung zu stellen, zunächst 40 000 Zentner Butter und 700 000 Zentner Roggen, und dass bald noch größere Mengen folgen würden. Die Arbeiter sollten glauben, dass jetzt tatsächlich »etwas anders geworden wäre, dass jetzt den Armen wirklich geholfen würde, dass der Sozialismus marschiere«. Es ist überflüssig zu sagen, dass die vor den Wahlen versprochenen Mengen nie zur Verteilung gelangten, geschweige dass nach den Wahlen auch nur ein Kilogramm mehr bewilligt wurde.

Aber der propagandistische Zweck war erreicht. Einige Hunderttausend der Ärmsten hofften Besserung und stimmten am 5. März für Hitler. In der SA gab es Tausende, die ernsthaft glaubten, dass nach dem 30. Januar 1933 die Verwirklichung des Sozialismus beginnen und nun ausgeführt würde, was kurze Zeit vorher Goebbels deklamiert hatte: »Arbeiter, Frontsoldaten, heraus. Wo die anderen leise wimmernd um Gnade winseln und verteidigen, was zum Leben zu wenig und zum Sterben zu viel ist, da gehen wir aufs Ganze. Wir haben nichts mehr zu verlieren. Man hat uns alles genommen, wohlan denn, lasst uns aufmarschieren, um alles zu gewinnen; den deutschen Arbeiterstaat. Freiheit und Brot, ruft diesen Schrei der Anklage in die verfaulende Welt des Kapitalismus hinein. Reicht Euch die Hand, Ihr deutschen Arbeitsmänner, der Tag der Freiheit kommt, wenn Ihr wollt!«

Der Tag der Freiheit war endlich gekommen. Am 30. Januar 1933 wurde Hitler die Macht übergeben, am Abend marschierten Zehntausende auf, um den »Tag der Freiheit« und den Beginn des Sozialismus in Deutschland zu feiern. Die Stunde war gekommen, da die gläubigen Massen, der »kleine Mann, die verzweifelte Frau, der hungernde Arbeiter, die Erlösung vom Retter erwarteten, wo die vielen ausgestellten Wechsel der verschiedenen sozialen und wirtschaftlichen Gruppen zur Einlösung präsentiert werden mussten. Es war für die Hitlerpropaganda leicht gewesen, die Wechsel auszustellen, aber schwer, sie jetzt einzulösen.

Aus dieser ernsten Situation rettete die Hitlerbewegung nicht die Propaganda des Wortes, sondern der Gewalt und des Terrors, der Staatsstreich, die Diktatur. Man schuf mit der Gewalt Verhältnisse, die es den geprellten Gruppen einfach unmöglich machten, ihre Wechsel vorzulegen. Man verbot alle Parteien, Organisationen, die gesamte nicht nationalsozialistische Presse, machte jede Opposition unmöglich, sperrte die Gegner ein, prügelte, folterte und erschoss, sodass der »kleine Mann«, der seinen Wechsel wertlos sah, der nichts gewann und alles verlor, zufrieden war, mit dem nackten Leben davon zu kommen. Wie bei der Bildung der Hitlerlegende nach den propagandistischen Stoßaktionen immer das letzte, entscheidende Wort die Gewalt sprach, so verrichtete auch in der Stunde der Machtgestaltung, nachdem die Propaganda durch die Lüge der Reichstags-Brandstiftung geholfen hatte, die Macht einzurichten, die Gewalt die entscheidende Arbeit.

Der Besitz der Macht ermöglichte es auch der Hitlerpropaganda den Kurswechsel in der sozialen Demagogie vorzunehmen und die Erinnerung an die Zeit der sozialistischen Versprechungen und Verheißungen mit Polizeimaßnahmen und Verboten zu unterdrücken. Jetzt wurde jede Forderung nach Sozialisierung, nach Sozialismus, ja schon bereits nach wirtschaftlicher Besserung und gerechten Löhnen als antideutsch und antinational, als Verbrechen gegen die »Volksgemeinschaft«, als das teuflische Werk jüdischmarxistischer Verschwörer denunziert und verfolgt. Die Gewerkschaften wurden aufgelöst und verboten, das Streikrecht aufgehoben, die Betriebsräte abgeschafft, die gesamte sozialistische Literatur verbrannt, ja sogar die eigenen Flugblätter aus der Frühzeit der nationalsozialistischen Bewegung beschlagnahmt.

Die Hitlerpropaganda prahlte noch vor den von ihr Betrogenen mit ihren »Leistungen«, brüstete sich, sie »gerettet« zu haben, und redete ihnen vor, ihren Kindern würde es besser gehen; schließlich verstieg man sich zu der Behauptung, falls die Enttäuschten nicht mit ihrer Lage zufrieden seien, käme etwas Furchtbares, käme das »Chaos«, wo der »kleine Mann« auch noch das Leben verlieren würde.

Gleichzeitig aber versuchte die Hitlerpropaganda die für einen neuen Volksbetrug gebrauten »Theorien« vom Nationalsozialismus als einer über den Klassen und streitenden Wirtschaftsgruppen stehenden »gerechten Macht« zu popularisieren. Die Hitlerpropaganda behauptete, allein dadurch, dass Hitler zur Macht gekommen sei, habe sich »alles geändert«. Robert Ley versucht, diese Unwahrheit mit folgenden Worten »klar« zu machen, nachdem er daran erinnert hat, dass Hitler einmal gesagt habe, »Nationalsozialismus ist Klarheit«: »Im übrigen Europa ist die Sozialordnung der Klassenkämpfe noch nicht überwunden. Auch das faschistische Italien hat den Klassenkampf bisher keineswegs beseitigt. Es hat ihn nur staatlich geregelt und eingekapselt ... An anderen Stellen sehen wir zügellosen oder gemäßigten Klassenkampf. In Russland ist sogar die letzte Konsequenz aus dem Klassenkampf gezogen.« (›Deutschland ist schöner geworden‹, S. 149)

Ley setzt ferner auseinander, dass es einzig in Deutschland keinen Klassenkampf mehr gebe, und führt dafür im Buch ›Durchbruch der sozialen Ehre‹, S. 201, folgenden Beweis: »Wir (das heißt, die Hitlerbewegung, Verf.) konnten niemals das Instrument einer Klasse werden, weder der Arbeitnehmer noch der Arbeitgeber, weil die NSDAP diese Begriffe gar nicht kennt. Betrachten wir z. B. den Begriff des Arbeitgebers. Wer ist denn eigentlich Arbeitgeber? Etwa der Müller, der das Werk hat? Nein, das Volk gibt ihm die Arbeit. Arbeitgeber ist das deutsche Volk. Wir haben auch die wirtschaftlichen Interessen aus der Deutschen Arbeitsfront herauslassen müssen, denn sonst wäre keine Gemeinschaft geworden.«

Die »Gemeinschaft« ist nur dadurch zustande gekommen, dass der eine Teil, die Arbeiter, seine »wirtschaftlichen Interessen herausgelassen« haben, der andere Teil aber nicht, denn er hat die Dividenden und Reingewinne seit 1933 mächtig gesteigert. Solche Dummheiten können freilich nur solange vorgetragen werden, als die Gewalt verhindert, dass »ein neues Wort« gegen diese Lügen gesetzt wird.

Die Hitlerpropaganda versucht mit dem größten Aufwand an Druckerschwärze und durch Gau-, Bezirks- und Reichsredner den Arbeitern einzureden, dass erstens Deutschland überhaupt keine Klassen mehr habe, sondern nur eine Volksgemeinschaft, und zweitens über den streitenden Klassen und Interessengruppen die Hitlerbewegung und Regierung als gerechter Schiedsrichter fungiere. Dass das eine das andere ausschließt, stört die Meister deutscher Logik nicht. In Wirklichkeit ist die eine wie die andere Behauptung unwahr.

In seiner großen Rede auf dem Kongress der Kommunistischen Internationale 1935 in Moskau wies Dimitrow mit besonderem Nachdruck darauf hin, dass »der Faschismus keine über den Klassen stehende Macht ist und keine Macht des Kleinbürgertums oder des Lumpenproletariats über das Finanzkapital ist. Der Faschismus ist die Macht des Finanzkapitals selbst.« Die soziale Demagogie wird vom Faschismus mit allen Raffinements als Deckmantel benutzt, um, wie Dimitrow sagte, »die durch die Krise aus ihrem Geleise geworfenen Massen des Kleinbürgertums und sogar manche Teile der rückständigen Schichten des Proletariats mitzureißen, die niemals dem Faschismus gefolgt wären, wenn sie seinen wirklichen Klassencharakter, seine wirkliche Natur begriffen hätten«. Der deutsche Faschismus »hatte die Dreistigkeit, sich Nationalsozialismus zu nennen, obwohl er gar nichts mit Sozialismus zu tun hat«, erklärte Dimitrow.

Um über den schreienden Widerspruch ihrer »sozialistischen« Versprechungen und der rauen Wirklichkeit im Dritten Reich mit seiner auf die Spitze getriebenen großkapitalistischen und neuimperialistischen Politik hinweg zu täuschen, hat die Hitlerpropaganda zu dem bewährten Mittel gegriffen, »den Schein an Stelle des Seins« zu preisen und durch Gefühl zu ersetzen, was die Wirklichkeit verweigert.

Die Hitlerpropaganda hämmert unaufhörlich, Tag um Tag, Woche um Woche, Monat um Monat, bereits über vier Jahre den Arbeitern ein: »Glaubt nur, es ist besser, es ist schöner geworden«, wie der bekannte Arzt dem Kranken zuredet: »Es geht täglich besser und besser.« Auf die Erweckung von Glauben und Hoffen kommt es der Hitlerpropaganda an. »Erst Glauben und Hoffen, das allein bezahlt das Leben, daraus kommt Freude und Leistung«, sagt Ley. Die Arbeiter sollen glauben: »Der Sozialismus ist da«, sie sollen die heutigen Verhältnisse als »Sozialismus ansehen«.

Hitler erklärt in seinem Buch, dass »jede Organisierung menschlicher Einzelwesen eine gewisse Summe gemeinsamer Auffassungen und gleichmäßig gesehener Interessen voraussetzt«. Es geht Hitler nicht um real vorhandene gemeinsame Interessen, sondern nur darum, dass »gemeinsame Interessen gleichmäßig gesehen werden«. Die deutschen Arbeiter sollten und sollen glauben, dass gleichmäßige Interessen sowohl den besitzlosen Proletarier wie den Trustgewaltigen verbinden. Ley findet für diese Propagandamethoden folgende Formulierung: »In Deutschland gibt es nicht mehr Einen gegen den Anderen, nicht mehr Arbeitgeberverbände, die nun innerhalb des Volkes gegeneinander kämpfen, sondern der Unternehmer ist ein Soldat, der Industrielle ist ein Soldat, und ich bin es und Du, Lehrer, Du, Erzieher, Du, Handwerker, und wir alle sind es. Jeder Betrieb ist eine Burg. Alle haben nur eine oberste Pflicht, diese Burg, ihren Betrieb zu verteidigen.« An anderer Stelle erklärte Ley: »Jeder Arbeiter hat an einem Betrieb das gleiche Interesse wie der Unternehmer. Der Betrieb ist das gleiche Schicksal für beide.«

Da aber die Hitlerpropagandisten selbst die Schwäche ihrer Argumentation einsehen, versuchen sie gleichzeitig die Bedeutung aller Lohn- und Wirtschaftsfragen herabzumindern oder überhaupt aufzuheben. Lohn und Geldverdienen werden als materialistisch, als undeutsche Laster verschrien, und in zahllosen Artikeln und Reden wird gefordert, dass die Arbeit nicht um des Lohnes willen, sondern um der »Ehre« willen geleistet werden müsse. Schuhmann-Brucker erzählt, »die Lohnhöhe spiele keine Rolle«. Ley moralisiert: »Die Arbeit ist nicht des Geldverdienens wegen da, sondern Arbeit ist Selbstzweck. Was heißt Glück, was heißt Freiheit, was Reichtum, was alle Güter dieser Welt! Die schwergeplagte Bauersfrau ist glücklich, während der reiche Bankier stets unzufrieden ist.«

Ley, der die materiellen Güter dieses Lebens wohl zu schätzen weiß, wettert in jeder Rede gegen das »materielle Denken der liberalistischen Zeit«, »es musste uns gelingen, das Gesicht der schaffenden Menschen von den materiellen Forderungen: Tarif, Lohn, Dividenden und allem alten gewerkschaftllchen Denken hinzuwenden zu den höheren Zielen, zum Glauben und Vertrauen.« Ley versucht den Arbeitern die Nichtigkeit aller materiellen Güter drastisch vor Augen zu führen. »Der Konsumunterschied der Menschen ist ja so gering ... auch der Reiche kann sich ja nur in einem Zimmer aufhalten, auf einem Stuhl sitzen, er kann ja auch nur ein Stück Fleisch essen.« Und fast bittend, beschwörend heißt es bei Ley: »Er ist ja so gering, dieser Konsumunterschied.«

Es besteht kein Zweifel, dass mehr als ein Zuhörer im Innern gerufen hat: Warum gebt ihr uns diesen kleinen Konsumunterschied nicht, dies Stückchen Fleisch, aber gerade das haben wir nicht, noch nicht einmal Fett oder einen Salzhering. Ley versucht die deutschen Arbeiter mit Gefühl, Vertrauen, Glauben, Hoffnung und Ehre zu sättigen. In seinem Buch »Durchbruch zur sozialen Ehre« lässt sich Ley über die geringe Löhnung der Soldaten aus, der auch nicht nach seiner Leistung mit materiellen Gütern bezahlt werde, sondern mit der »Ehre, Soldat sein zu dürfen«.

Ähnlich verhalte es sich mit dem Arbeiter, der ja auch ein Soldat sei, ein »Soldat der Arbeit«, und wie für den Soldaten in der Kaserne, so müsse auch für den Soldaten der Arbeit nicht der Lohn, sondern die Ehre das Wichtigste sein. Auf Seite 258 des gleichen Buches erklärt Ley es für ein Verbrechen, die »Arbeit als Ware« zu bezeichnen: »Wenn man mir sagen würde, ich gebe Ihnen so und so viel mehr, kommen Sie in die Industrie, so würde ich den Betreffenden für wahnsinnig erklären. Meine Arbeit, für die ich lebe und an der meine Seele hängt, für die ich in den Tod gehe, soll ich verkaufen für dreckigen Judaslohn?«

Und Ley kommt zum Schluss, über die Arbeit dürfte man so wenig »handeln« wie der Offizier mit dem Soldaten über seine Löhnung. Zweifelnde, die sich weder durch den Wortschwall noch durch einen solchen Unsinn verblüffen lassen, wie ihn Ley in folgenden Worten verkündet: »Der Raum ohne das Blut, der Raum ohne das Licht, das Blut ohne den Boden, das Blut ohne das Licht, das Licht ohne den Raum, das Licht ohne das Blut, alles das ist zwecklos« (›Deutschland ist schöner geworden‹, S. 212), jedoch die harten Tatsachen, die sich im engen Raum der Fabrik stoßen, spüren, werden auf den Feierabend-Sozialismus verwiesen. Ihnen sagt Ley: »Im Alltag prallen die Interessen der Menschen aufeinander (woher plötzlich diese Erkenntnis, da doch alle Klasseninteressen aufgehoben sind? Verf.). Gebt deshalb dem Menschen den Feierabend. Am Feierabend sind die Menschen nicht mehr Vorgesetzte und Untergebene, sondern sie alle trinken aus dem gemeinsamen Quell des Feierabends. Hier sind sie Volksgenosse zu Volksgenosse. Gebt dem Volke einen wahren Feierabend, aus dessen Jungbrunnen es neu emporsteigen kann, und man wird die höchste Leistung von diesem Volke verlangen können.«

Ein ebenso einfaches wie geniales Rezept: »Sozialismus nur am Feierabend.« Mit gleicher Zaubergeschwindigkeit macht Ley aus den deutschen Proletariern die Herren Deutschlands, die »Herrenmenschen« schlechthin. Dazu ist es nach der Hitlerpropaganda nicht notwendig, die anderen Herren zu enteignen, ihrem Besitz, wie Goebbels einmal forderte, zu »sozialisieren«, sondern es genügt, Mitglied der Organisation »Kraft durch Freude« zu werden und an einer ihrer Reisen teilzunehmen. In seinem Buch »Deutschland ist schöner geworden« (S. 10) untersucht Ley die Frage, was an den Reisen der Organisation »Kraft durch Freude« am wichtigsten sei, und kommt zum Schluss: »Es ist die Tatsache, dass wir hier sichtbarlich vor Augen führen und uns selber zum Bewusstsein bringen, wie man den Menschen vom Proleten zu einem Herrenmenschen machen kann.«

Wenn es sich hier nur um Albernheiten eines einzelnen weinseligen Funktionärs handeln würde, brauchte man für sie nicht eine Zeile zu opfern. Aber sie bilden den Inhalt der Propaganda einer Organisation mit Millionen Mitgliedern, mit zahlreichen Neben- und Unterorganisationen, die in 32 Gauen mit 771 Kreisen, 15 051 Arbeitsgruppen mit ebenso viel Ortsgruppenwarten,

56 806 Betriebswarten und rund 75 000 Mitarbeitern für Propaganda verfügt, die alle nur eine Aufgabe haben, »Illusionen zu erwecken, Illusionen zu erhalten«.

Es ist nicht Ley allein, der so spricht und schreibt, sondern Goebbels, Rosenberg, Hadamovsky, alle Propagandisten der Hitlerbewegung suchen, vielleicht mit anderen Worten, aber im gleichen Sinne den Arbeitern einzureden und vorzugaukeln: »Deutschland ist heute anders geworden, Deutschland ist schöner, Deutschland ist sozialistisch«. Ihre Formulierungen sind nicht klüger als die Leys. Am 1. Mai 1937 hat Hitler Ley noch weit an Plattheit überboten, als er in seiner Maiansprache sagte: »Alle anderen Länder haben soziale Sorgen, nur Deutschland nicht. Wir haben in Deutschland überhaupt nur noch die einzige Sorge, ob die Sonne scheinen oder es regnen wird.«

Die Dürftigkeit des Ausdruckes entspricht dem vertretenen Inhalt und der Größe der Lüge, die sie decken soll. Die Tatsachen sprechen eine andere Sprache, und kein Wortgeklingel und keine noch so verworrene und verlogene Propaganda können darüber hinwegtäuschen, dass die soziale und wirtschaftliche Lage in Deutschland sich zusehends verschlechtert und die sozialen Konflikte zunehmen.

Die Hitlerpropaganda hat immer das »mühelose Einkommen« verdammt, aber im Verlauf des vierjährigen Regimes heimsten die 3000 deutschen Millionäre allein an bilanzmäßigen »Reingewinnen« rund 3 Milliarden Mark ein, und ihre tatsächlichen Gewinne betragen das Dreifache dieser Summen. Die Kampagne, die mit so riesigem Lärm gegen das »raffende Kapital« geführt wurde, hat ihre Früchte getragen, aber derart, dass durch die Rüstungsfinanzierung der Zinsendienst für die Wechsel und Anleihen weit über 300 Millionen Mark beträgt, der in Form von Steuern und Preiserhöhungen nur die Besitzlosen belastet.

Die Hitlerpropaganda verkündete, die Zinsknechtschaft würde gebrochen werden, und der »kleine Mann« ließ sich durch diese Parole verleiten, den Lockrufen der Hitlerpropaganda zuerst zu folgen, er wurde zum Träger der Hitlerbewegung, gerade seine Schicht war es doch, die zuerst dem Hakenkreuz folgte. Aber wenn der »kleine Mann« heute Kredite braucht, erhält er sie nicht oder nur zu derart unerschwinglichen Zinssätzen nationalsozialistischer Kreditinstitutionen, dass er darauf verzichten muss und dem Bankrott entgegengeht. So hat sich der »kleine Mann« allerdings die »Schaffung und Erhaltung eines gesunden Mittelstandes«, wie in den 25 Punkten des nationalsozialistischen Programms verkündet wurde, nicht vorgestellt. Im April 1937 wurde festgestellt, dass das Einkommen von 600.000 der etwa 1½ Millionen Handwerksbetriebe weit unter der Grenze des Existenzminimums liegt und ein hoher Prozentsatz dieser Handwerker auf Wohlfahrtsunterstützung angewiesen ist, in Berlin allein brachen im Frühjahr 1937 täglich 11 Handwerksbetriebe zusammen.

Den Arbeitern wird der gerechte Lohn vorenthalten mit der Begründung Hitlers: »Lohnerhöhungen richten sich gegen die weitere Wehrhaftmachung«, aber die Unternehmer haben frühere Verluste längst wettgemacht und unter Hitler einen Überschuss von vielen Millionen Mark erzielt. Die Lebenslage der Arbeiter aber, denen Hitler den Sozialismus versprach, hat sich bedeutend verschlechtert.« Goebbels hat einst gegen »das Pflaster der sozialen Fürsorge« gewettert und erklärt: »Zehn Pfennige als Recht sind wertvoller als eine Mark Almosen.« Im Dritten Reich hat sich die gesamte soziale und sozialistische Tätigkeit im »Pflaster der sozialen Fürsorge« erschöpft, in dem Almosen der Winterhilfe.

Für 6,43 Reichsmark konnte der Arbeiter im Jahre 1934 kaufen:

40 Pfd. Brot à 0,14 RM

oder:

11 Pfd. Rindfleisch à 0,59 RM

7 Pfd. Schweinefleisch à 0,89 RM

15 Pfd. Schmalz à 0,42 RM

26 Pfd. Palmin à 0,25 RM

40 Pfd. Rindsfett à 0,16 RM

5 Pfd. Kaffee à 1,25 RM

21 Pfd. Zucker à 0,30 RM

43 Pfd. Mehl à 0,15 RM

13 Pfd. Speck à 0,50 RM

11 Ltr. Öl à 0,57 RM

80 Stck. Eier à 0,08 RM

400 St. Zigaretten à 6,50 RM

Für 5,17 Reichsmark konnte der Arbeiter im Jahre 1936 kaufen:

33 Pfd. Brot à 0,16 RM

oder:

6 Pfd. Rindfleisch à 0,90 RM

4,5 Pfd. Schmalz à 1,20 RM

6,5 Pfd. Palmin à 0,80 RM

7,5 Pfd. Rindsfett à 0,70 RM

13 Pfd. Zucker à 0,42 RM

22 Pfd. Mehl à 0,34 RM

4,5 Pfd. Speck à 1,20 RM

4 Ltr. Öl à 1,40 RM

40 Stck. Eier à 0,13 RM

200 Stck. Zigaretten à 5,- RM«

Hinzu kommt jedoch, dass der Arbeiter für sein Geld nur Waren stark verschlechterter Qualität erhält. Die Haltbarkeit der Wäsche, Schuhe und Kleidungsstücke, der Fahrradreifen, der Seife usw. ist mindestens um 30 Prozent gesunken.

Die Arbeitsbeschaffung wird als »Wunder der sozialistischen Politik« verkündet, aber die Selbstmordziffern in den Arbeitsdienstlagern und das Elend der Arbeiter an den Autostraßen, das an die Not der Sklaven in der Antike erinnert, reden eine andere Sprache.

Die Wirklichkeit zerfetzt die erweckten Illusionen der sozialen Demagogie. Was Dimitrow vor Jahren feststellte, wird jetzt auch dem »kleinen Mann« und Arbeiter allmählich bewusst. Die Ablehnung gegen das System und der Widerstandswille wachsen. In den ersten Monaten des Jahres 1937 fanden über hundert, wenn auch betriebliche Streiks statt. Diese Streiks zeigen ein anderes Deutschland als das Deutschland der Hitlerpropaganda, das angeblich nur eine Sorge habe, ob das Wetter schön oder schlecht werde. Keine noch so gerissene und noch so lärmende soziale Demagogie wird das Unwetter und das Gewitter aufhalten, das am sozialen Himmel in Deutschland heraufzieht und sich gegen die heutigen Machthaber furchtbar entladen wird.

Wie in früheren Zeiten der Freiheitskämpfe des deutschen Volkes treten auch heute wieder im Kampfe für Frieden, Freiheit und Demokratie diejenigen Kräfte an die Spitze der Freiheitsbewegung, die die größten heroischen Leistungen in diesem Ringen aufzuweisen haben und die wahren Hüter der großen Traditionen der deutschen Geschichte, die Erben des klassischen Sozialismus, der Marx, Engels, Liebknecht, Bebel, der Kämpfer gegen das Sozialistengesetz und um die freiheitliche Gestaltung der Weimarer Republik sind – die deutschen Arbeiter.

§ 6: Freund und Feind werden geplündert

»AN DER FEINDLICHEN KRIEGSPROPAGANDA habe ich unendlich viel gelernt«, gesteht Hitler in seinem Buch ›Mein Kampf‹ (S. 194) und widmet dieser Propaganda ein ganzes Kapitel. Die Hitlerpropagandisten sehen in den Methoden der englischen und amerikanischen Kriegspropaganda ihre Vorbilder und behaupten, sie allein hätte die deutsche Niederlage im Weltkrieg herbeigeführt.

Ohne Schatten eines Beweises stellt Hitler, seinen Propagandagrundsätzen folgend, in seinem Buche fest, dass »schon eine wahrhaft jüdische Frechheit dazu gehöre, der militärischen Niederlage die Schuld am Zusammenbruch beizumessen« (S. 248).

Die Hitlerpropaganda gewann diese Einschätzung der Kriegspropaganda der Alliierten keineswegs aus eignen Untersuchungen, sondern übernahm sie von Generalstabsoffizieren, die nicht wahrhaben wollten, dass sie selbst, die militärische Führung, den Krieg verloren hatten. Sie verbreiteten nicht ohne Erfolg zur Verschleierung der militärischen Fehler der O.H.L. [*Anm.: Oberste Heeresleitung*] diese Legende, die Hitler austrommeln musste. Mit dem höchsten Respekt spricht Hitler von den gegnerischen Propagandamethoden, rühmt ihre Beharrlichkeit, ihre Schlagworte und Parolen, ihre einfachen, knappen Formulierungen, ihre »richtige« Psychologie. Während er der deutschen Kriegspropaganda «das vollkommene Fehlen jeder psychologisch richtigen Überlegung«, einen angeblichen Hang zur Objektivität und Bemühungen, Licht und Schatten zu verteilen, vorwirft, rühmt er der Propaganda der Alliierten nach, sie habe sich auf wenige Gesichtspunkte beschränkt, »ausschließlich berechnet für die Masse, mit unermüdlicher Beharrlichkeit betrieben«.

Hitler erklärt, diese Propaganda »war im Anfang scheinbar verrückt in der Frechheit ihrer Behauptungen, wurde später unangenehm und endlich geglaubt« (S. 203). Vor allem imponieren Hitler die Schlagworte (»Hunnen«, »Boches«) und die sogen. »Gräuelpropaganda«, gegen die sich Hitler in der heftigsten Weise wendet, ihr zugleich aber das Prädikat »genial« erteilt. Hadamovsky, Goebbels und andere erregen sich über die Berichte von den abgehackten Händen und der Auskochung von Leichen zur Fettgewinnung, aber getreu den Anweisungen Hitlers werden Fälle, die die eigene Partei belasten und eine Gegenpropaganda rechtfertigen, nicht genannt. Die Hitlerpropaganda ist vom »Objektivitätsfimmel« frei! Aber diese Methode beweist, dass die Hitlerpropaganda absichtlich falsch die Einwirkung der Kriegspropaganda der Alliierten auf Deutschland selbst bewertet und die geschichtliche Wahrheit unterschlägt, denn der Kampf gegen das halbabsolutistische Regime Wilhelms II. hatte bereits lange vor dem Kriege eingesetzt, die Parolen »Friede, Freiheit, Brot« wurden aus der Not des Krieges heraus geboren, und nicht das Volk, sondern das Regime und die Generalität haben den Krieg verloren.

Indem die Hitlerpropaganda leugnet und die Tatsache verfälscht, dass der Krieg vom kaiserlichen Deutschland und der Habsburgermonarchie durch drei Kriegserklärungen eröffnet wurde, und deutsche Truppen nach längst vorbereiteten Aufmarschplänen zuerst in Belgien einfielen, unterschlägt sie, dass es allein dadurch der Kriegspropaganda der Alliierten leicht wurde, ihre offensive Tätigkeit zu entfalten.

Gleiches gilt für den Eintritt Amerikas in den Krieg, der durch die Zimmermann-Depesche an die deutsche Vertretung in Mexiko, Papens terroristische Verbrechen in USA und die völkerwiderrechtliche Torpedierung amerikanischer Schiffe durch deutsche U-Boote gefördert wurde. Das Material für ihre Kriegspropaganda lieferte den Alliierten die kaiserliche Regierung selbst, sie hatte es nicht nötig, derart zu lügen, wie Hitler behauptet und von seiner eigenen Propaganda verlangt; diese Methode der Umkehrung der Darstellung, als seien es nur Lügen gewesen, mit denen die Kriegspropaganda der Alliierten gearbeitet habe, ist schon ein Stück typischer Hitlerpropaganda.

Der Fall wiederholt sich heute tagtäglich im Kampf gegen das Hitlersystem, wobei Goebbels dumm genug ist, das Schlagwort »Gräuelpropaganda« aus den Kriegsakten auferstehen zu lassen. Alle Welt weiß, dass das Hitlersystem Gräuel verübt und es sich nicht um »Gräuelpropaganda«, sondern um die Feststellung dokumentarisch erweisbarer barbarischer Akte des Hitlersystems handelt. Die von Goebbels selbst erfundenen Gräuelmärchen, die er durch seine Agenten in die Welt setzt, um abzulenken, zu verwirren, den Enthüller und Ankläger in jedem Falle als unglaubwürdig hinzustellen, verfangen nicht, sondern belasten die Hitlerpropaganda nur noch mehr.

Unter der Anleitung der ehemaligen Nachrichtenoffiziere studierte die Hitlerpropaganda die Methoden der Kriegspropaganda, besonders aber auch die Schwächen der deutschen Propaganda selbst, es ist nicht uninteressant, dass derselbe Nicolai, der im Krieg als Propagandist versagte, nach dem Krieg sich als heftigster Ankläger der deutschen Propaganda gebärdete und Hitler entscheidend beeinflusste. Zugleich versammelte er eine Schar von Offizieren, Universitätsprofessoren und Studenten, um einen neuen Propagandadienst aufzuziehen, der sich auf die Kriegserfahrungen stützte und einen Bau von Lügen errichtete. Die Methoden wurden praktisch von Hitler erprobt und ausgebildet, nach der Machtüberlassung befolgt, werden in der Zermürbung und Gewinnung von Gruppen im Ausland weiter angewandt. Die Kriegspropaganda wird ebenso intensiv betrieben wie die gesamte Heeresrüstung, die wirtschaftliche Vorbereitung selbst.

Goebbels rühmte sich in einer Rede zum Gesetz der allgemeinen Wehrpflicht, dass dies Gesetz »erst möglich gewesen sei durch die seelische Vorbereitung des Volkes durch die Propaganda« (›Der Angriff‹, 27. März 1935). Indirekt hat Goebbels in seinen Ausführungen über die Kriegspropaganda der Alliierten, die er, Hitler folgend, hoch einschätzt, offenbart, wie er sich eine solche Propaganda denkt, die im Wesentlichen nur eine Steigerung der bereits angewandten Methoden darstellt. Goebbels rühmt die Presse der Alliierten, die sich »in einer hemmungs- und zügellosen Demagogie ergangen« habe (›Kampf um Berlin‹, S. 189), »sie vergiftete mit systematischer Raffinesse die ganze Weltmeinung gegen Deutschland, sie war nicht objektiv, sondern im radikalsten Sinne tendenziös.«

Die Methode erklärte Goebbels als vorbildlich für seine Zeitung ›Der Angriff‹, die für den »kleinen Mann«, Goebbels' Lieblingsfigur, bestimmt war, er habe im Krieg für die von Goebbels gerühmten Propagandamethoden »volles Verständnis« gehabt, denn sie »waren vor allem eine gute Kost für den Soldaten« (ebd.). Goebbels bedauert, dass dem kaiserlichen Deutschland »eine großzügig organisierte Weltpropaganda gefehlt habe, die dem schamlosen Lügenfeldzug der Entente ein Paroli bieten konnte«. Goebbels arbeitet darauf hin, seine Vorstellungen dieser Kriegspropaganda zu realisieren, indem er erklärt: »Wir waren wehrlos der Hetzpropaganda der Feindbundstaaten ausgeliefert.« (ebd. S. 92) Nachdem Goebbels auf ihm vorbildlich erscheinende Berichte über die abgehackten Hande, die Gräueltaten deutscher Offiziere und die Propaganda in Presse, Film und Theater hinweist, führt er aus: »In dieser Massenpsychose konnte die amerikanische Finanz die Union in den Krieg hineintreiben, konnte der Feindbund seinen kämpfenden Soldaten die Überzeugung einimpfen, dass sie für Zivilisation und Menschlichkeit und gegen Barbarei und drohenden Kulturumsturz zu Felde zögen.«

Goebbels beteuert, »aus den bittern Folgen unseliger Versäumnisse habe man nun aber gelernt«. Die eignen Methoden der Hitlerpropaganda lassen sich kaum besser charakterisieren, und Hitler selbst hat eingestanden: »Am Gegner war unendlich viel zu lernen.« (›Mein Kampf‹, S. 199.) Die Geständnisse geben der Phantasie freien Spielraum, was man von der Hitlerpropaganda noch zu erwarten hat.

Aus ihrem Studium der Kriegspropaganda hat die Hitlerpropaganda die wesentlichsten Methoden ihrer »schwarzen Kunst« (Goebbels) gewonnen, die sie für ihre Zwecke zu entwickeln suchte. Beim deutschen Reichskriegsministerium besteht ein »Psychologisches Laboratorium« unter Mitarbeit des Majors Blau, das die psychologischen Probleme der soldatischen Erziehung erforscht und sich bemüht, Methoden zu finden und anzuwenden, mit denen in einem kommenden Kriege revolutionäre Bewegungen innerhalb der eigenen Armee unmöglich, in der gegnerischen Armee aber möglich gemacht werden können, ein Beweis dafür, dass man, sobald man unter sich ist, weiß, dass bei Besitzenden und Besitzlosen vom Ende der Klassenkämpfe keine Rede sein kann. Zahlreiche Büros, mehrere Zeitschriften, Hunderte von Büchern und Tausende Aufsätze beschäftigten sich mit diesen Problemen. Der größte Teil dieser Literatur wird streng geheim gehalten, und der Verfasser wird über diesen besonderen Teil der Hitlerpropaganda eine abgeschlossene Abhandlung veröffentlichen.

Der Einfluss der Offiziere war bei Beginn der Hitlerpropaganda vor allem in der militärischen Propaganda überhaupt zu erkennen, in den Bemühungen Röhms, die SA als Kerntruppe einer neuen Armee aufzubauen, die später eine der Ursachen des Konfliktes wurden, in den militärischen Spielereien, im Uniformfimmel, der seinen bizarrsten Ausdruck in Görings Uniformkomplex erhält, in der Schaffung von Abzeichen, Dienstgradbezeichnungen, Standarten, Wimpeln usw. In einem »Hitlerbuch der deutschen Jugend« von Heinz Schramm werden volle zehn Seiten (Ein Zehntel des Umfangs des ganzen Buches) den »Abzeichen der braunen Armee« gewidmet. Man erfährt, dass jeder der 18 Dienstgrade einen besonderen Spiegel, eine besondere Schnur um Spiegel, Kragen und Mütze sowie besondere Achselstücke trägt, dass »vom Standartenführer an außerdem noch Gold- oder Silberlitzen am Mützenaufschlag getragen werden, sofern es sich um Führer von SA-Einheiten handelt«.

Man erfährt, dass die 21 Gruppen durch verschiedene Farben der Mützen, Spiegel und Schnüre gekennzeichnet sind (u. a. schwefelgelb, smaragdgrün, dunkelweinrot). Der »Angriff« brachte das Bild eines Hitlerjungen, der es bereits zu einer Sammlung von 180 verschiedenen Abzeichen gebracht hat. Andere Dienstgradabzeichen findet man bei der SS, wieder andere bei der HJ, beim Jungvolk, bei den Mitgliedern der politischen Organisationen. Es gibt die verschiedensten Armbinden und Abzeichen. Aber diese närrische Spielerei verfehlt auf bestimmte Kreise ihren Eindruck nicht, und es gibt vor allem Jugendliche, die diese Angaben auf den zehn Seiten des Buches von Schramm auswendig hersagen können, wie es einst viele gab, die sich in den mannigfaltigen Uniformen der alten Armee auskannten, gar nicht zu reden von dem Ehrgeiz, von Abzeichen zu Abzeichen zu avancieren, eine besondere Spekulation der Hitlerpropaganda.

Wie man den Gegner beraubte

Die Hitlerpropaganda ging nicht nur beim ehemaligen Kriegsgegner in die Schule, sondern auch bei ihrem sozialen Gegner, ohne aus diesem Plagiat den geringsten Hehl zu machen. Noch bevor Hitler die Postkartenmitteilung erhielt, man habe ihn in die »Deutsche Arbeiterpartei« aufgenommen, hatte man in seinem »kleinen Kreise« beraten, wie man an die breite Masse herankäme.

In den Propagandamethoden ging man in vielen Dingen auf die Erfahrungen der sozialistischen Parteien zurück. Hitler meint, »dass die starke werbende Kraft der Sozialdemokratie, ja der gesamten marxistischen Bewegung überhaupt zum großen Teile in der Einheit und damit Einseitigkeit des Publikums beruhe, an das sie sich wendete«.

Hitlers Schüler gehen in ihren Bekenntnissen, vom Gegner, den man als Todfeind bekämpft, gelernt zu haben, noch weiter. Hadamovsky wirft dem Bürgertum vor, es hätte von der Sozialdemokratie, die »als Siegerin aus dem Ringen mit dem allgewaltigen Bismarck hervorging, lernen müssen, um sich über Wesen, Gefahren, Möglichkeiten und Notwendigkeiten der Propaganda klar zu werden und sie entsprechend zu verwenden« (›Propaganda und nationale Macht‹, S. 15).

Goebbels beruft sich auf das Vorbild der marxistischen Presse und der marxistischen »Agitatoren, die immer nur tendenziös zu wirken suchten« und »aus der Masse heraus für die Masse wirkten« (›Kampf um Berlin‹, S. 192). Als Goebbels den »Angriff« gründete, verlangte er eine Zeitung, die »für das Volk geschrieben war und sich seiner Sprache bedienen« sollte. Czech-Jochberg gesteht, dass man nach dem Vorbild der sozialistischen Parteien »die Parole des Kampfes um die Straße« ausgegeben habe und die Aufmärsche, Demonstrationszüge, Fahrten bewusst nach sozialistischem Vorbild organisierte.

Später kopierte man skrupellos Einrichtungen der Sowjetunion und Werbemethoden wie organisatorische Einrichtungen der KPD, sobald man sah, dass sie eine große Anziehungskraft für die Massen besaßen, dabei handelte es sich für die Hitlerpropaganda immer nur um die bloße Übernahme der Form, während man den Inhalt frech fälschte. Hadamovsky bekennt, dass »die im Kosmosverlag (Berlin) zusammengefassten Arbeiterzeitungen sowie die ›Arbeiter-Illustrierte‹ die besten kommunistischen »Propagandaorgane« waren, und Goebbels äffte sie in Vielem nach.

Der »Angriff« wurde nach dem Vorbild eines proletarischen Berliner Abendblattes geschaffen, ohne dass es dem Goebbelsblatt gelang, in proletarische Kreise einzudringen. Man schuf Bilderzeitungen nach gleichen Vorbildern, und im Jahre 1933 bediente sich die Hitlerpropaganda eine kurze Weile vergeblich des Namens und der Aufmachung der ›Welt am Abend‹ und ›Arbeiter-Illustrierten‹. Die Arbeiterleser lehnten die Fälschung energisch ab, und die Blätter mussten sehr rasch wieder verschwinden.

Die Hitlerpropaganda beschränkte sich nicht darauf, die Einrichtungen der Gegner zu übernehmen und für ihre Zwecke zu verwenden, sondern studierte ständig die gegnerische Bewegung, beobachtete jede neue Phase ihrer Entwicklung aufs Sorgfältigste.

Es gibt kaum eine Bewegung, die so viele Methoden und Mittel vom Gegner übernahm wie die Hitlerpartei. Diese Taktik beschränkte sich keineswegs nur auf die Übernahme von Einrichtungen verschiedenster Art, sondern die Hitlerpropaganda entsandte zahlreiche Agenten und Spitzel in die Reihen des Gegners. Die Form des organisatorischen Aufbaus der Partei, abgesehen von den militärischen Gliederungen der SA und SS, übernahm Hitler zum größten Teil von den Arbeiterparteien, wie die Gliederung in Zentrale, Bezirks- und Ortsleitungen; nach ihrem Muster schuf man besondere Abteilungen, wie die Betriebszellen. Der »Roten Hilfe« wurde die nationalsozialistische Gefangenenhilfe nachgebildet, die »Winterhilfe« ist eine Kopie der »Internationalen Arbeiterhilfe«, die im Jahre 1923 in mehreren hundert deutschen Städten und Gemeinden ihre Küchen, Lebensmittelausgaben und Hilfsstellen eingerichtet hatte.

Der grundlegende, entscheidende Unterschied besteht überall im Inhalt und der Organisationsmethode selbst, die rein faschistisch sind. Diskussionen, politische Mitgliederversammlungen mit freier Aussprache, jede innerparteiliche Demokratie sind ausgeschlossen. Nachgeahmt wurden kulturelle Organisationen verschiedenster Art, wiederholt machte man immer kläglich scheiternde Versuche, Piscator zu kopieren, nach der Machtüberlassung organisierte man den Besuch von Theatervorstellungen nach dem Vorbild der Sowjetunion. Die Welt lehnte die Filmproduktion des Dritten Reiches ab, und Goebbels erlitt Bankrott, als er einen »Panzerkreuzer Potemkin« im nationalsozialistischen Sinne zu schaffen suchte. Die viel gepriesene Organisation »Kraft durch Freude« nahm sich die Arbeiterfeierstunden zum Vorbild, die von den Arbeiterorganisationen geschaffen waren.

Die Entlehnung gegnerischer Schöpfungen wird sichtbar in den Methoden der Schulung der Mitglieder, der Schaffung von Parteischulen für Redner, Funktionäre usw. Jede Nachahmung aber wird vor allem von Goebbels als eine ureigene Erfindung gepriesen. Selbstgefällig teilt Goebbels in seinem »Tagebuch« mit: »Heute habe ich eine ganz neue, von mir erdachte Schulungsmethode angewandt. Ich habe nicht einen geschlossenen Vortrag gehalten, sondern mit Zuhörern Rede und Gegenrede gewechselt.« Diese

Schulungsmethode war aber seit Sokrates bekannt und auch in den sozialistischen Parteischulen der Vorkriegszeit üblich. Vom Gegner übernahm man die Grußweise der erhobenen Hand, gab ihm aber die Form des Faschistengrußes, der wiederum aus dem alten Rom stammt. So erklärte man den römischen Gruß für einen »deutschen Gruß«, unbekümmert darum, dass viele deutsche Südtiroler wegen Verweigerung dieses Grußes von den Faschisten eingesperrt waren – jetzt sperrt man im Dritten Reich die Verweigerer des Grußes ein, mit dem einst Varus seine Legionen im Teutoburger Walde gegrüßt hatte.

Man stahl das Rot der Fahne, die Abzeichen Sichel und Hammer, bildete das Schwungrad der NSBO dem Symbol der JAH-Plakette nach. Die Aneignung geht bis in kleinste Dinge, immer mit der Absicht, den Anhängern die Illusion, die Lüge aufzuzwingen, als ob die Hitlerpropaganda diese Symbole geschaffen oder aber ihnen erst den wahren Sinn gegeben habe. Man übernimmt nicht nur die Melodien, sondern sogar mit geringen, aber eben wichtigen Änderungen den Text der Arbeiterlieder.

Am drastischsten tritt die Methode »vom Gegner zu lernen« bei der Übernahme der Maifeier in Erscheinung, die zum »nationalen Feiertag des deutschen Volkes« erklärt wurde und durch befohlene Massenaufmärsche ihr Gepräge erhielt. Man wagte aus sozialer Demagogie nicht, die Maifeier abzuschaffen, aber die Hitlerpropaganda bemühte sich gerade an diesem Tage, der immer ein Demonstrationstag des Kampfes für die Rechte der Arbeiterklasse gewesen war, die Illusion einer Volksgemeinschaft »zu zaubern«, indem sie »Gefolgschaft« wie »Gefolgschaftsführer« in Reihe und Glied zum Tempelhofer-Felde marschieren ließ, um den »Tag der Volksbrüderlichkeit« zu feiern, wie Alfred Rosenberg (›Blut und Ehre‹, II., S. 92) schreibt, der sogar behauptet, »man wollte sich den ersten deutschen Feiertag wiedererobern« (ebd. S. 91).

§ 7: Taktische Regeln

DIE AUFTRAGGEBER HITLERS gingen im Jahre 1919 von dem Standpunkt aus, dass die neue Partei, die sie für ihre Zwecke brauchten, unbedingt darauf ausgehen müsse, Massen zu gewinnen, um den Arbeiterparteien erfolgreich gegenüberzutreten, mit ihnen rivalisieren und sie schlagen zu können. Hitler unternahm in diesem Sinne sofort nach seiner Aufnahme in die »Deutsche Arbeiterpartei« alle Schritte, um an die Massen heranzukommen. Er ließ sich auch durch die Schwierigkeiten der Anfänge wie durch Rückschläge nicht abschrecken, die Haupttätigkeit der Partei nach außen hin in Versammlungen zu entfalten. Nachdem er seine Wirkung als Redner erprobt hatte, steigerte er allmählich die Zahl der Versammlungen als das geeignetste Mittel, die Aufmerksamkeit breiter Schichten auf sich zu lenken.

Die Erfahrungen im Verlaufe der ersten Jahre fanden ihren Niederschlag in Hitlers Ausführungen über Versammlungsstrategie in ›Mein Kampf‹ und die Hitlerpropaganda bildete ein ganzes System von Methoden für die Massengewinnung in Versammlungen aus; die Massenkundgebung wurde schließlich zum wichtigsten Instrument der Hitlerpropaganda. Während Hitler abfällig über die Wirkung eines Buches, ja sogar der Presse urteilt und der Ansicht ist, es sei unmöglich, »nur durch Schrifttum an das Herz der breiten Masse zu gelangen«, schreibt er dem gesprochenen Wort eine »Zauberkraft« zu, deren Macht »die großen historischen Lawinen religiöser und politischer Art ins Rollen brachte« und deren »Gewalt die breite Masse eines Volkes vor allem unterlag«.

Die Wirkungen der Reden in einer Massenkundgebung können immer sehr groß sein, sie mussten es bei der Zusammensetzung der von der Hitlerpropaganda gewonnenen Anhänger schon deshalb werden, weil sich diese Zuhörer aus den kleinbürgerlichen Schichten zusammengesetzt hatten und völlig unerfahren waren, um die Tricks und Kniffe der Hitlerpropaganda zu erkennen, durch sie geblufft, überrascht, sogar fasziniert wurden. Da Hitler mit suggestiver Gewalt seine Schlagworte auf sie niederprasseln ließ und jenes Feuerwerk von demagogischen Künsten anzündete, die an anderer Stelle dieses Buches bereits geschildert sind, gerieten die »unverbildeten« Massen in einen fieberhaften Zustand, den Hitler ausnützte, er vermochte schließlich jenen Rauschzustand zu erzeugen, der Schott zu seinen religiös gefärbten, delirienhaft anmutenden Ausbrüchen veranlasst, die aber wiederum für propagandistische Wirkungen bestimmt sind.

Die Hitlerpropaganda berechnete alle Umstände einer Versammlung bis ins Einzelne, damit die gewünschte Wirkung zustande käme. Hitler selbst probierte in seinen Anfängen die besten Chancen für eine Versammlung aus. »Die Tageszeit kann von ausschlaggebendem Einfluss auf die Wirkung sein. Der gleiche Vortrag, der gleiche Redner, das gleiche Thema wirken ganz verschieden um 10 Uhr vormittags, um drei Uhr nachmittags oder am Abend.«

Raum, traditionelle Erinnerungen und Vorstellungen sollten berücksichtigt werden. Hitler geht (immer konsequent in einer Absicht, breite Massen zu fangen) von dem Gesichtspunkt aus, dass man »die Willensfreiheit des Menschen beeinträchtigen müsse«, die zu einer Zeit und unter Umständen bearbeitet werden müssten, wo sie »leichter der Kraft eines stärkeren Willens unterliegen«, sich weniger »gegen den Versuch der Aufzwingung eines fremden Willens und einer fremden Meinung zu sträuben vermögen und nicht im Vollbesitz ihrer geistigen und willensmäßigen Spannkraft sind«.

Man kann nicht offener erklären, dass man nicht den geringsten Wert darauf legt, Menschen aufzuklären, zu bilden, zu erziehen, sondern zu missbrauchen, zu verdummen, zu vergewaltigen, als es in diesen Worten Hitlers geschieht, in denen sich wieder einmal das eigentlichste Wesen der Hitlerpropaganda enthüllt. Die »Reichspropaganda-Abteilung der NSDAP« erklärte in ihren Anweisungen für Versammlungsthemen, dass als Themen »sensationelle Tagesereignisse, Skandale jüdischer oder marxistischer Art« zu wählen seien, um die »Neugierde, die Wut, die Hoffnung, eine Sensation zu erfahren«, zu reizen und auf diese Weise zum Besuch der Versammlung anzulocken. (G. Stark, ›Moderne politische Propaganda‹, S. 19)

Hitler genügt es aber nicht, durch das bloße Wort zu wirken, er verweist in seinem Buch auf »den künstlich gemachten und doch geheimnisvollen Dämmerschein katholischer Kirchen, die brennenden Lichter, Weihrauch, Räucherpfannen« als wirkungsvolle Requisiten zur Erzeugung einer Stimmung für Massenkundgebungen. An ihre Stelle setzt die Hitlerpropaganda die Requisiten aus den Garderobemagazinen der Kasernen, der militärisch-chauvinistisch eingestellten Gefühlswelt ihrer Anhänger. Ein Wald von riesigen Fahnen und Standarten, Transparente im größten Ausmaß, Plakate und Bilder in Großformat, der Einmarsch einer Fahnenabteilung, aufmarschierende bewaffnete Kolonnen mit ausgesuchten, gut aussehenden jungen Männern, die vor allem auf Frauen wirken sollen, Fanfaren und Posaunenstöße, Militärmärsche, Sprechchöre gehören in eine Hitlerversammlung.

Später wird mit Lichteffekten gearbeitet, am Rednerpult befindet sich ein elektrisches Schaltbrett, das Hitler gestattet, je nach Stimmung und gewünschter Wirkung verschiedenfarbiges Licht einzuschalten. Auch der Beifall wird arrangiert, in seiner Stärke schattiert. Alles ist auf Wirkung berechnet. Die Massenkundgebung wurde zu einer Theatervorstellung im Stile großer amerikanischer Revuen. Um den Mythos des »von Gott Gesandten und Unbesiegbaren« nicht zu gefährden, waren Zwischenrufe und Diskussionsredner in Hitlerversammlungen streng verboten; die Schlägerkolonnen hatten für das unbedingte Innehalten dieses Befehls zu sorgen.

Hitler hat es niemals gewagt, sich einem Gegner in Versammlungen zu stellen, er vermied es peinlich, aufzutreten, wo man ihn gezwungen hätte, Farbe zu bekennen, sich zu rechtfertigen, Rede und Antwort zu stehen, wo sein erdichteter »Nimbus« zerstört worden wäre; aus diesem Grunde wurde er vor der Machtüberlassung nicht Abgeordneter, seine Staatenlosigkeit, mit der die Hitlerpropaganda sentimentalen Unfug trieb, bot dafür den besten Vorwand. Der »Zauber« sollte und konnte nur dort wirken, wo er nicht sofort entlarvt werden konnte, man verfuhr nach der Methode der Bellachini und anderer Zauberkünstler, die nur so lange Erfolg hatten, als sie ihre Kunststücke in begrenzten Räumen mit eigens präparierten Tischen, Fahnen, Hüten und anderen Utensilien durchführen konnten und keinerlei Kontrolle möglich war. An die Methoden dieser Varietéartisten erinnern die Hitlerpropagandisten in ihren Schriften wiederholt, indem sie zwar den Gegner zu charakterisieren beabsichtigen, aber in Wirklichkeit sich selbst entlarvten.

Hadamovsky hat in seinem Buch »Propaganda und nationale Macht« geschrieben: »Die Massenkundgebung kann den persönlichen Anblick des Redners entbehren, wie die Riesenkundgebungen der Nationalsozialisten bewiesen haben, bei denen lediglich Lautsprecher bzw. Rundfunkübertragungen aus Parallelversammlungen stattfanden. An einer Stelle jedoch muss der Kontakt zwischen Redner und Masse unmittelbar hergestellt werden. Nur wenn das der Fall ist, liest der Redner in den Gesichtern derer, zu denen er spricht; fühlt den anfänglich oft kalten Rhythmus der Masse heraus; lebt mit ihm, vermag ihn zu steigern, in Erregung und Begeisterung umzusetzen und zu lösen. Es gibt keine großen politischen Aktionen, die heutzutage ohne den unmittelbaren persönlichen Einsatz des Redners in den Massen Widerhall finden könnten. Hierin haben sich unsere Regierenden seit 1918 so grundlegend getäuscht, dass sie glaubten, ihr System durch kalte Rundfunkansprachen und langatmige Presseartikel gegen den stürmischen nationalen Angriff, der aus der Masse heraus erfolgte, verteidigen zu können.«

Die Formen der Massenkundgebungen wurden variiert und entwickelt, ihre Wirkungen durch alle möglichen Mittel gesteigert, auf sie konzentrierte man in den Jahren 1930-1933 das höchste Interesse, machte sie zu Zentren der Propaganda überhaupt, versuchte hier alle Anhänger zusammenzubringen, machte sie zum sichtbarsten äußeren Mittelpunkt der Bewegung. Seit den Septemberwahlen 1930 steigerte man die Zahl der Kundgebungen, hielt in einer Stadt wie Berlin gleichzeitig 20, 30 Versammlungen ab, holte auf Lastautos Anhänger aus der Umgebung zur Veranstaltung herbei, ließ Hitler oder auch Goebbels am gleichen Abend in 4, 5 Versammlungen reden, legte das größte Gewicht auf den Massenbesuch, erreichte in Provinzstädten zwanzig-, dreißig-, vierzigtausend Mitwirkende, schlug riesige Zelte auf, organisierte gleichzeitig in vielen Orten am gleichen Abend solche Kundgebungen; ließ

Hitler später Flüge durch Deutschland unternehmen, sodass man dem Schlagwort »Hitler über Deutschland« sichtbaren Ausdruck gab; wiederum wurden religiöse Vorstellungen erweckt, indem es aussah, als sei Hitler »allgegenwärtig« – am Morgen sprach er in Königsberg, am Nachmittag in Halle, am Abend in Wiesbaden, um Mitternacht in Mannheim.

Die Flüge wurden ferner propagandistisch ausgenützt, in der Spekulation auf das Interesse für die Flugtechnik, aber auch zugleich in der Berechnung auf die Popularität eines Mannes, der sich »aufrieb«, um am gleichen Tage an vier entlegensten Orten sich seinen Anhängern zu zeigen. Dietrich hebt in seinem Buch »Mit Hitler in die Macht« hervor, wie vier aufeinanderfolgende Riesenkundgebungen an einem Tage auf einem der Deutschlandflüge »das sportliche Interesse weckten« und »ebenso dem Sensationsbedürfnis der Masse Rechnung trugen« (S. 70).

Nach der Machtüberlassung war man in der Lage, einen noch größeren technischen Apparat einsetzen zu können, jetzt konnte man über den Rundfunk gebieten, die Massenkundgebung über den Versammlungsraum hinaus wirken lassen, theoretisch das gesamte Volk, ja die ganze Welt zu Teilnehmern machen, vorausgesetzt, dass sie sich zu dieser Rolle hergaben. Auf den Plätzen wurden Lautsprecher aufgestellt, die Rundfunkhörer erhielten den Befehl, ihre Fenster zu öffnen, damit man den Lautsprecher draußen hören konnte. Kurzwellenwagen begleiteten Hitler auf seinen Fahrten vom Flugplatz zum Versammlungsraum, um »den Jubel der Menschenmassen einzufangen« (Hadamovsky). Die Kundgebung in Königsberg am 4. März 1933 wurde mit Glockenläuten eingeleitet, auf allen Plätzen deutscher Orte mussten die Anhänger antreten, auf dem Lande wurden »Freiheitsfeuer« entzündet, am Schluss hatten alle das niederländische Dankgebet zu singen – fünf Tage nach dem Reichstagsbrand.

Und Goebbels schreibt, sich entlarvend, in seinem »Tagebuch« (S. 274): »Ganz Deutschland gleicht einem einzigen großen leuchtenden Fanal.« Es war ein Orkan von Zynismus. Hadamovsky findet dafür in der fachmännischen Nüchternheit des Arrangeurs die Worte: »Die Massenkundgebung ist die stärkste Form der Propaganda, welche wir überhaupt besitzen«, und um noch einmal den rein propagandistischen Charakter dieser Form von Anhängerfang, Anhängerbetäubung zu unterstreichen, kann man eine zweite Äußerung Hadamovskys zitieren, die er gleichfalls in seinem Buche »Propaganda und nationale Macht« gemacht hat: »Die wirksamste Kraft der Massenkundgebung ist jede sinnfällig werdende Form von Machtäußerung, also zunächst die Zahl der Teilnehmer, der Umfang der Kundgebung, darüber hinaus alles, was als Macht in die Erscheinung tritt, Bewaffnete, Uniformierte, Waffen jeder Form.« Von politischer Aufklärung und politischer Bildung ist nirgends die Rede, sie würden diese Art von Kundgebungen unmöglich machen.

Schlagworte und Zahlenrausch

In diesen Massenkundgebungen wie in allen Veranstaltungen der Hitlerpropaganda spielten Schlagworte und hohe Zahlenziffern eine hervorragende Rolle, sie gestatten ein leichtes Operieren, sollen für den Moment wirken und wie jede Reklame Parolen fürs Ohr schaffen. Das Schlagwort wird nach bewährtem Rezept unaufhörlich wiederholt, bis man annimmt, die Scheinwahrheit habe sich so im Bewusstsein festgesetzt, dass sie geglaubt wird. »Deutschland erwache«, »Die Juden sind unser Unglück«, »Ehre der Arbeit«, »Volk ohne Raum«, »Gegen das raffende, für das schaffende Kapital«, »Gegen Rotmord und Reaktion«, »14 Jahre Schmach«, »Novemberverbrecher«, »Gegen den Schmachfrieden von Versailles«, »Blut«, »Rasse«, »Volksgemeinschaft«, »Drittes Reich«, »Führer«, »Feindbund«, »Gräuelpropaganda«, »überstaatliche Kräfte«, »Weise von Zion« sind solche Parolen, die überall gesprochen, gedruckt unaufhörlich wiederkehren; der Gruß »Heil Hitler« wurde auf diese Weise durchgesetzt; die Propagandisten haben dafür zu sorgen, dass die Anhänger diese ausgegebenen Parolen in ihren Gesprächen verwenden, sodass derjenige, der nicht dazu gehört, abseits steht oder ein Gegner ist, glauben soll, ringsum sei man sich einig in der Bewertung einer Frage, eines Falles, einer Person; er soll sich isoliert fühlen, schwankend werden, zu zweifeln beginnen. Genügt dies Mittel nicht, greift man zur Gewalt, droht mit Strafen oder sperrt den Nichtwilligen ein, verprügelt ihn und nötigt ihn unter Todesbedrohung, »Heil Hitler« zu sagen. Umgekehrt zwingt man mit Peitschenhieben, Messerstichen einen Gefangenen, zu bekennen, dass er ein Verbrecher ist.

Begriffe werden gefälscht, ins Gegenteil verkehrt, im Falle des Diebstahls als eigene Erfindung ausgegeben, oder es wird so getan, als ob die Hitlerpropaganda ihnen erst die wahre Bedeutung gegeben hätte, dann wieder raubt man selber ihren Sinn und lügt, der Gegner habe mit diesem Begriff Missbrauch getrieben; so wurde die Diktatur die »veredelte Demokratie«, der Raub politischer Rechte zur »Freiheit«, die zugleich der Ausdruck für die Methode der Gewaltanwendung nach dem Satz »Recht ist, was dem deutschen Volke nützt« wurde, »das deutsche Volk« wird identifiziert mit der »Hitlerbewegung«, der »Arbeitsdienst« ist »Sozialismus« und zudem noch »deutscher Sozialismus«, der Verrat der »wahren Interessen« des deutschen Volkes ist »national«, die Unterdrückung jeglicher Meinung wird »wahre Pressefreiheit« genannt, ein wehrloser Gefangener, der zu Tode geprügelt wird, erhält »nationalsozialistische Erziehung«, ein Ermordeter ist »auf der Flucht erschossen« worden, ein Erdrosselter hat »sich selbst aufgehängt«, ein Geschlagener hat sich »gestoßen«.

Es ließe sich ein ganzes Wörterbuch dieser von der Hitlerpropaganda geschaffenen Begriffe zusammenstellen wie eine Sammlung jener Schlagworte, die den Massen fortgesetzt eingeprägt werden sollen, trotzdem die Tatsachen in schärfstem Widerspruch zur Parole stehen; die Hitlerpropaganda ist zynisch genug, ihre Anhänger Moral zu lehren, indem sie z. B. behauptet: »Gemeinnutz geht vor Eigennutz«, während die ganze Stadt sich gerade die neueste Korruptionsaffäre eines Gauleiters zuflüstert. Die Hitlerpropaganda lässt verkünden: »Kanonen sind wichtiger als Butter«, ja sie bringt es sogar fertig zu behaupten: »Kanonen bringen Brot«, trotzdem alle Welt weiß, dass die Lebensmittelkrise eine Folge der Zwangswirtschaft und der Devisennot ist, die allein durch die Rohstoffnot infolge der Aufrüstung entstanden ist.

In der Spekulation auf die Gedankenträgheit meint die Hitlerpropaganda, solche Verdrehungen ihren Anhängern bieten zu können. Ihr Lehrer ist auch hier wieder Le Bon gewesen, der wie Hitler die Massen tief verachtete. Le Bon berichtet, die gesamte Besatzung eines Schiffes habe sich auf offenem Meere von einem Matrosen einreden lassen, er habe Boote mit einem winkenden Menschen gesichtet.[1]

Alle teilten die Meinung der Matrosen, aber als man in die Nähe der vermeintlichen Boote kam, entdeckte man nichts als mit Blättern bedeckte Äste. Die Hitlerpropaganda bringt es fertig, ihre Anhänger sehen oder glauben zu lassen, was sie zu sehen oder zu glauben wünscht. Sie sagt: »Ein bewaffnetes Deutschland hat alle Nahrung.« »Ein waffenloses Deutschland wird verhungern.« In den ersten Jahren des Regimes haben in der Tat Millionen geglaubt, alle politischen Aktionen Hitlers, die in Wahrheit Deutschland nur isolierten, seien große politische Erfolge gewesen. Wenn Hitler diese selbst verschuldete Isolierung als »Einkreisung Deutschlands« bezeichnet, stellt er die Dinge auf

---

1 *»Die Fregatte La Belle-Poule kreuzte auf See, um die Korvette Le Berceau wiederzufinden, von der sie durch einen heftigen Orkan getrennt worden war. Es war am hellen, lichten Tage. Plötzlich signalisiert die Wache ein Schiff in Seenot. Die Mannschaft richtet ihre Blicke auf die bezeichnete Stelle, und alle, Offiziere und Matrosen, sehen deutlich ein menschenbeladenes Wrack, welches von kleinen Fahrzeugen, auf denen Notsignale flatterten, geschleppt wurde. Admiral Desfosse ließ ein Boot bemannen, um den Schiffbrüchigen zu Hilfe zu eilen. Während sie sich näherten, sahen die im Boot befindlichen Matrosen und Offiziere »Massen von Menschen sich hin und her bewegen, die ihre Hände ausstreckten«, und vernahmen den dumpfen und verworrenen Lärm einer großen Anzahl von Stimmen. Als das Boot angekommen war, fand man nichts weiter vor als einige mit Blättern bedeckte Baumäste, die sich von der benachbarten Küste losgerissen hatten. Vor einem so handgreiflichen Beweis schwindet die Täuschung.« (Le Bon, Psychologie der Massen, S. 28.)*

den Kopf in der Absicht, seine Anhänger müssten die Welt so verkehrt sehen, wie er es für seine Zwecke für erforderlich hält.

Ähnliche Experimente macht die Hitlerpropaganda mit ihren Zahlenspielereien, die zugleich aber auch zur Einschüchterung dienen. Es fällt der Hitlerpropaganda nicht ein, zu sagen, in welcher Weise man die Massen für Riesenkundgebungen aufgeboten hat, wie die 99 Prozent Ja-Stimmen bei Wahlen zustande kommen. Das Faktum, dem stets gründlich nachgeholfen wird, genügt, um propagandistisch ausgeschlachtet zu werden. Nachprüfungen oder Zweifel schaltet die Gestapo aus.

Mit Zahlen kann man beweisen, was man beweisen will, umso mehr, wenn der Hörer oder Leser nicht die geringste Möglichkeit hat, die Angaben nachzuprüfen, oder derart unter Druck gesetzt wird, dass er wiederum sehen muss, was man von ihm verlangt. Auf diese Weise kann man erleben, dass selbst eine so unangreifbare Disziplin wie die Mathematik von der Hitlerpropaganda missbraucht wird. Die ahnungslosen, unkritischen Kinder lernen eben »völkisch rechnen«. Ein gewisser Karl Pietzker hat in der Tat ein Schulbuch unter dem Titel »Völkisches Rechnen« geschrieben, in dem mit Zahlen Propaganda getrieben wird; ein anderes gleichartiges Schulbuch gibt sich den Titel »Aufbruch der Nation«. Pietzker lässt die Kinder ausrechnen, wie die Bevölkerung Deutschlands stetig gewachsen ist, der deutsche Raum sich aber im Gegensatz zu anderen Ländern nicht groß geändert habe.

So versucht die Propaganda den Kindern das Schlagwort »Volk ohne Raum« einzuprägen. Man findet dort ähnliche Propagandaaufgaben unter dem Titel: »Vergiss die Auslandsdeutschen nicht« oder »Deutschland hat in seinen Kolonien gearbeitet«. Die Kinder rechnen aus, »wie das deutsche Volk von den Feinden ausgesaugt wurde«, dass »Luftschutz Not tut«, »die Nachbarn rüsten«, aber »der Führer dem deutschen Volk wieder seine Freiheit und seine Ehre gegeben hat«. Sie stellen ein Schema der Teilnehmer der Nürnberger Parteitage dar und errechnen, wie viel Kilogramm Butter, Käse, Sauerkraut, Schweinefett, Milch, Fleischsorten, Zucker, Kaffee, Brot, Wurst usw. für die Massenverpflegung zum Parteitag verbraucht wurde[2].

---

2 *Man liest in Pietzkers ›Ergänzungsheft zu jedem Rechnen: Völkisches Rechnen‹ (Pädagogischer Verlag von Hermann Schroedel, Halle) folgende Aufstellung (S. 1): ›Für die Massenverpflegung zum Reichsparteitag 1935 wurden gebraucht in kg:*

Butter : 50.000	*Suppeneinlage: 140.000*	*Mettwurst: 5.000*
Käse: 62.000	*frisches Gemüse: 25 000*	*Ochsenfleisch: 100.000*
Sauerkraut: 100.000	*Schweinefleisch: 75.000*	*Milch (Liter): 500.000*
Schweinefett: 10.000	*Zucker: 63.000*	*Kaffee: 50.000*
Rohwurst: 125.000	*Brot: 1.000.000*	*Dosenfleisch: 150.000*
Zigarren: 400.000	*Zigaretten: 2.400.000‹*	

So setzt die Propaganda bereits im frühen Schulunterricht ein, um dieselben Zahlenkunststücke aber auch den Erwachsenen zu bieten. Mangelnde Kontrolle, die Unmöglichkeit legaler Richtigstellung und Entlarvung dieser Zahlenpropaganda gestatten die ausschweifendsten Experimente. Zuletzt setzt auch hier die Gewalt ein, um das Kunststück für Wahrheit, den Baumstamm für ein Brot halten zu lassen.

Zentralisation der Nachrichtenmittel

Die Hitlerpropaganda lernte aus den Erfahrungen des Krieges, besonders aus der Kriegspropaganda, dass man den gesamten Nachrichtenapparat straff zentralisieren müsse, um geplante Aktionen durchführen zu können. In der Kritik an den Fehlern der deutschen Kriegspropagandamethoden wurde immer wieder die schlaffe Führung des Nachrichtendienstes beklagt. Hadamovsky wendet sich höhnisch gegen die »müde Schläfrigkeit in den Berliner Amtsstuben, sobald es sich um die tatsächlichen Belange des Kampfes handelte« (›Propaganda und nationale Macht‹, S. 30), und wirft der deutschen Propaganda im Kriege vor, dass sie »organisatorisch, psychologisch und zeitlich falsch« gewesen sei, denn sie habe es nicht verstanden, die Kräfte der öffentlichen Meinung für sich zu mobilisieren, habe es an der einheitlichen Führung, an der Begeisterungsfähigkeit und am Glauben fehlen lassen und schließlich überhaupt erst begonnen, nachdem man sich im Angriff bereits festgerannt hatte.

Propaganda hat aber nach Hadamovsky »nicht auf der Höhe einer politischen oder kriegerischen Aktion einzusetzen, sondern ist ihre große, weit ausholende, erzieherische Vorbereitung« (ebd., ab S. 33). Um dieses Ziel zu erreichen, hat die Hitlerpropaganda vor allem die großen Errungenschaften eines hundertfünfzigjährigen Kampfes um die Menschenrechte gewaltsam beseitigt, und Hadamovsky forderte nach Hitlers Beispiel, dass »das Schlagwort von der Freiheit der öffentlichen Meinung ohne Tränen zu Grabe getragen werden müsse«, damit ein wichtiges organisatorisches Ziel der Hitlerpropaganda erreicht werden könne: »denkbar größte Zentralisierung der Nachrichten und ihre Verbreitung vom Mittelpunkte aus«. Die öffentliche Meinung muss nach der Hitlerpropaganda »der einheitlich geleitete Ausdruck des öffentlichen Willens sein«.

Presse und Rundfunk, Theater und Film, Verlage und Reklamewesen, alle früheren Nachrichtenbüros, die gesamten kulturellen Institutionen sind von der Hitlerpropaganda straff zusammengefasst und dem Propagandaministerium unterstellt, das »seine« Nachrichten, »seine« Wahrheiten mit Hilfe dieser Werkzeuge verbreitet, es gibt kein gesprochenes oder gedrucktes Wort, kein Foto, keine Zeitung, keinen Filmstreifen, die nicht ohne Kontrolle des

Propagandaministeriums in die Öffentlichkeit gelangen, jede Nachricht wird »bearbeitet«, nicht um der Wahrheit zu dienen, sondern um das eigene Land wie das Ausland abzulenken, einzuschläfern, irrezuführen, zu betrügen.

Bisher hatte man mit solchen Methoden nur im Kriege gearbeitet, aber die Hitlerpropaganda wandte und wendet sie schon im Frieden an, sowohl gegen den »inneren« Feind als gegen das Ausland, und errichtete mit ihrer Hilfe ein ganzes System. Der zentralisierte Nachrichtenapparat der Hitlerpropaganda tritt nicht nur in der Öffentlichkeit in Erscheinung, sondern bedient sich vor allem auch geheimer Wege. Goebbels hat in seinem »Tagebuch« wiederholt die »Wühlmäuse« gepriesen, deren sich die Hitlerpropaganda bediente, um Querverbindungen herzustellen, über Stimmungen, Gruppierungen, Vorgänge in der Regierung, Armee wie in Parteileitungen, Industriekreisen usw. Nachrichten einzuholen, die von der Hitlerpropaganda »gut dosiert« und der jeweiligen Lage gemäß frisiert verwandt wurden.

Was zur Kenntnis der Öffentlichkeit gebracht wurde, war sorgfältig gefiltert, und die Hitlerpropaganda machte und macht es von ihrem Ziel abhängig, was ihr zur allgemeinen Bekanntgabe nützlich erscheint. Hadamovsky spottet über einen »objektiven« Nachrichtendienst und höhnt über die Forderungen nach vollständiger Offenheit: »Kein Nachrichtendienst kann alles sagen, was er aber zu sagen hat, das muss für Willen und Leben der Nation bedeutend und wichtig sein.«

Die Hitlerpropaganda aber bestimmt, was »bedeutend und wichtig« ist, sie bestimmt, wer Freund und Feind ist, was Lüge und Wahrheit ist, was gesagt und verschwiegen werden soll. Die gesamte Weltöffentlichkeit stand wochenlang unter dem Eindruck der englischen Königskrise – die Hitlerpropaganda brachte es fertig, dass bis zur vollzogenen Abdankung kein einziges Wort über die Krise laut wurde. Alle Welt wusste, dass deutsche Truppen nach Spanien entsandt waren, man kannte Formationen, Namen usw.

Die Hitlerpropaganda bot alles auf, um die Lieferung von Menschen an Franco zu verschweigen. Ludendorff und die Hitlerpropagandisten haben der deutschen Kriegspropaganda vorgeworfen, dass sie die deutsche Öffentlichkeit über die Marneschlacht nicht aufgeklärt habe, aber Ludendorff selbst fälschte die Berichte über seine Niederlagen im Sommer 1918 und fabrizierte eine Siegesstimmung, als bereits alles verloren war. Ebenso verfährt heute die Hitlerpropaganda; fast jeder Tag bringt neue Beweise für diese Methoden.

Zuerst verschwieg Hitler die Teilnahme an der Franco-Rebellion, später verschwieg er Niederlagen. Andererseits verbreitet man falsche Nachrichten oder interpretiert Vorgänge im Ausland in einer Weise, wie sie für die Interessen der Hitlerpropaganda im Inland nützlich erscheint. Braucht man günstige Berichte über den Eindruck deutscher Zustände im Ausland, so fabriziert die Hitlerpropaganda diesen Bericht, lanciert ihn durch ihre Agenturen im

Ausland in ungarische, französische und englische Blätter und druckt diese selbstfabrizierte »ausländische Stimme« in der Hitlerpresse nach.

Das gleiche geschieht mit Falschmeldungen oder mit irreführenden Berichten über Ermordungen von eingekerkerten Gegnern, mit Meldungen über Verhaftungen von eigenen Anhängern, die sich dann den ausländischen Pressevertretern vorstellten, um zu demonstrieren, dass der Gegner gelogen habe! Für diese Rolle gab sich im März 1937 wieder einmal der Reichspressechef Dietrich her, über den man verbreitete, er habe Differenzen mit Hitler gehabt und sei erschossen worden. Nachdem die »Wahrheit« durch einen Teil der Weltpresse gegangen war, erschien plötzlich Dietrich in einer eigens zusammenberufenen Konferenz ausländischer Pressevertreter und dementierte die Lüge, die man zuvor in Berlin fabriziert hatte. Man verbreitete Nachrichten über den Tod oder die Ermordung verhafteter Antifaschisten, in der Hoffnung, die gegnerische Presse werde in ihren Nachrufen Hinweise auf die illegale Tätigkeit des angeblich Ermordeten bringen.

Die Beispiele für derartige Methoden der Hitlerpropaganda ließen sich dutzendfach vermehren, sie können nur angewandt werden, weil der gesamte Nachrichtendienst zentralisiert ist, die gesamte Presse vom Propagandaministerium scharf kontrolliert wird, die täglich ihre Anweisungen erhält, was gedruckt und was nicht gedruckt werden darf. Und da jeder Redakteur in seiner wirtschaftlichen Existenz vom Propagandaministerium abhängig ist, beim geringsten Versuch, eine eigene Meinung zu äußern, ins Konzentrationslager gesperrt wird, wenn man ihm nicht den Prozess wegen Landesverrats macht, hat sich die Hitlerpropaganda in der Presse ein williges Werkzeug geschaffen, das sie nach Belieben verwendet, Schwenkungen ausführen lässt wie Rekruten auf dem Exerzierplatz. Umso erbitterter kämpft die Hitlerpropaganda gegen jeden Versuch, die Nachrichtenzentralisierung und das Nachrichtenzwangsmonopol zu durchbrechen, das Netz zu zerreißen, das über das Land selbst wie über große Teile der Welt ausgespannt wurde.

Die illegale anti-hitlerische Presse, die im Lande verbreitet wird, setzt der Lüge die Wahrheit, dem verwirrenden, ablenkenden, fälschenden, hetzenden Wort das neue angreifende, aufklärende, richtungsweisende Wort entgegen. Die gleiche Aufgabe erfüllt der Rundfunksender der KPD, der durch seine regelmäßigen allabendlichen Sendungen das Rundfunkmonopol der Hitlerpropaganda gebrochen hat, allen Störungsversuchen zum Trotz.

Mit allen Mitteln hat die Hitlerpropaganda sich um die Wahrung ihrer Hegemonie bemüht, indem sie das gesamte deutsche Rundfunknetz konzentrierte und technisch in der Lage ist, innerhalb kürzester Zeit ihre Nachrichten über alle deutschen Sender gehen zu lassen. Bei Gefängnisstrafe ist das Abhören ausländischer Sendestationen verboten, und um den Empfang der Sendungen auf das deutsche Rundfunknetz zu beschränken, wurde ein sogenannter Volkssender mit sehr beschränkter Empfangsfähigkeit konstruiert, den man den Rundfunkhörern aufzudrängen vermochte.

Die Hitlerpropaganda sieht im Radio ihr wichtigstes Kampfmittel zur Beeinflussung und Lenkung der öffentlichen Meinung. Goebbels hat dieser Bewertung wiederholt Ausdruck gegeben, und Hadamovsky bekennt in seinem Buch »Propaganda und nationale Macht«, dass »wilde Hetze in empfänglichen Zeiten suggestive Massenwirkungen auf einen beliebigen Volkshaufen ausüben kann. Dann wird man die furchtbare Gefahr begreifen, in der sich das von einem feindlichen Ring erdrückte deutsche Millionenvolk befindet, wenn plötzlich über die Grenzen die ganze Gewalt und Eindringlichkeit einer verbrecherischen Lügenpropaganda herüber flutet.«

Das Zukunftsbild, das Hadamovsky in diesen Ausführungen entwirft, ist schon das Bild der gegenwärtigen Hitlerpropaganda, niemand bedroht das deutsche Volk, das vielmehr mit dem größten Teile der Welt einzig und allein von der Hitlerpropaganda bedroht wird, die den Frieden in den Kriegszustand verwandelt hat, um im Krieg ihre verbrecherischen Lügen über die Grenzen fluten zu lassen, begleitet von Bomben und Tanks.

Aus den Fehlern und Mängeln der deutschen Kriegspropaganda glaubte die Hitlerpropaganda die Lehren zu ziehen, dass man nicht genug lügen könne. Als das Kabel, das Deutschland mit Amerika verband, zerschnitten war, verlor das kaiserliche Deutschland eine Schlacht, verlor es die Verbindung mit der neutralen Außenwelt. Im Rundfunk hofft die Hitlerpropaganda den Ersatz für ein durchschnittenes Kabel im nächsten Krieg zu finden, um unmittelbar auf die Massen in anderen Landern, auch in den Ländern, die man überfallen hat, wirken zu können, wie man andererseits die Störungswellen in riesiger Kraft aussendet, um die Sender, die der Hitlerpropaganda die Tätigkeit unmöglich machen wollen, zu überschrillen. Die Zentralisierung des gesamten Nachrichtenwesens durch die Hitlerpropaganda ist ein wichtiger Teil der Kriegsrüstung und gehört zu ihren gefährlichsten Werkzeugen.

Bluff und Überraschung

Die Hitlerpropaganda hat nicht nur von der Kriegspropaganda, sondern auch von der Kriegsstrategie gelernt, wie man gegen den Gegner operiert und ihn unschädlich macht. Über diese Einflüsse hat die Hitlerpropaganda nichts verraten, da es nicht in ihrem Interesse lag, sich vor ihren Anhängern als gelehrige Schüler der preußischen Kriegsakademie im politischen Kampf zu demaskieren, auch diese Art des Verschweigens ist eine Propagandamethode. Die Hitlerpropagandisten hüten sich, das Geheimnis ihrer Lehrmeister in jedem Fall zu enthüllen, denn die Anhänger sollen glauben, dass die Propaganda, der sie zum Opfer gefallen sind, eine Schöpfung Hitlers selbst ist, ja sie sollen nicht einmal merken, dass sie propagandistischen Künsten erlegen sind, sondern sich einbilden, von Hitlers Persönlichkeit gewonnen zu sein.

Die Offiziere, die Hitler berieten, brachten ihm die Kenntnis der Taktik und Strategie. Früher wandte man wohl auch militärische Begriffe für den politischen Kampf an, aber die Hitlerpropaganda übertrug die Kriegsmethoden auf die Art der politischen Kampfführung zuerst im Inneren, nach der Machtüberlassung auch auf die Außenpolitik.

Alle Methoden der Strategie und Taktik finden sich in der Hitlerpropaganda wieder, das Manöver wie die Offensive, die verschiedensten Arten des Angriffs, die Ablenkung, der Bluff, die Überraschung, der Überfall, der Durchbruchversuch, die Flankenumgehung, das Trommelfeuer. Es ist ein Irrtum, zu glauben, die Verwendung militärischer Begriffe in der Hitlerpropaganda entspreche dem bloßen Hang, der Vorliebe zum militärischen Jargon, sie ist vielmehr der Ausdruck für eine Methode der politischen Kampfführung selbst, sie entspricht dem Wesen des Nationalsozialismus selbst, der Eroberung und Ausdehnung der Macht um jeden Preis erreichen will.

Es ist ebenso ein Irrtum, zu glauben, dass die Hitlerpropaganda in jedem Fall nur stur auf ihr Ziel losgehe, sie ist überzeugt, dass der Angriff die beste Waffe ist, auch in der Verteidigung, auch für sie gilt die Losung des preußischen Generalstabs: »ran an den Feind«, aber die Hitlerpropaganda bedient sich der verschiedensten Kriegslisten und Manöver, sie kennt den getarnten Rückzug wie die verschleierten Angriffsvorbereitungen, und sie beherrscht vor allem die Kunst der Fälschung des Heeresberichts. Mit ihren Methoden versucht sie zugleich Eindruck zu machen, die Illusion der Unbesiegbarkeit zu erwecken.

Mit einem Bluff machte sich Hitler in der Welt bekannt. Es war der Bluff des Novemberputsches im Jahre 1923, als Hitler überraschend mit wenigen Personen in die Bürgerbräuversammlung eindrang, mit dem Revolver an die Decke schoss und der aufgeregten, überraschten Menge zuschrie: »Die deutsche Revolution hat begonnen.«

Es schien Hitler, dass der Staatsstreich Kahrs und Lossows ohne ihn ausgeführt werden sollte. Hitler wollte sich nicht an die Wand drängen lassen und nahm in seiner völlig verzweifelten Lage seine Zuflucht zum Bluff. Die Aktion scheiterte – eben weil man Hitler nicht wollte –, er versuchte am anderen Morgen zum zweiten Mal zu bluffen. Auch diesmal schoss es aus seinen Reihen zuerst, aber es wurde wieder geschossen, und Hitler floh. Die Bluffmethode erlitt innerhalb von zwölf Stunden zweimal eine Niederlage.

Die Bluffmethode verschwand aber nicht aus der Hitlerpropaganda. Goebbels bluffte, wenn er mit einer Stärke der Partei und der SA drohte, die gar nicht vorhanden war, wenn er den Eindruck zu erwecken suchte, als ob in Berlin Zehntausende schwer bewaffneter SA-Leute bereitständen – später erfuhr man, dass es nicht mehr als dreitausend Mann waren. Mit Bluffs arbeitete man, wenn man nach Ortschaften, in denen es nur wenige Nationalsozialisten gab, Lastautos mit SA-Leuten aus allen Orten der Umgebung entsandte und wiederum eine Macht vortäuschte, die nicht existierte.

Es ist Bluff, wenn die Hitlerpropaganda mit Zahlen operiert, Goebbels ausrechnet, dass man die Erdkugel zehnmal umfahren müsste, damit endlich die Kilometerzahl herauskäme, die Hitler auf seinen Versammlungsreisen schon gefahren und geflogen wäre. Die Hitlerpropaganda rechnete ihren Anhängern aus, wie viele Länder man mit den gesamten Hakenkreuzfahnen des Dritten Reiches bedecken könne, wie groß die Wälder der Fahnenstangen wären, welche Menge von Nahrungsmitteln auf einem Parteitag verzehrt worden wären. Man veranstaltet »das größte Feuerwerk der Welt«, baut das »größte« Museum, das »größte« Theater der Welt, legt den »größten« Platz an. Ley erzählt, seine »Deutsche Arbeitsfront« sei die größte Organisation der Welt, und an den Reisen, die seine Agentur für billige Fahrten und Theaterbesuche »Kraft durch Freude« veranstaltet, hätten sechs Millionen Menschen teilgenommen, wobei alle Fahrten von Berlin bis Wannsee eingerechnet werden.

Alles ist groß und wird größer, nur die Reallöhne werden kleiner und die Lebensmittel knapper – von diesen Dimensionen wird allerdings nicht gesprochen. Es ist Bluff, wenn von riesigen Rohstoffentdeckungen in Deutschland erzählt wird, wenn plötzlich Erdölquellen auftauchen, als ob Deutschland ein zweites Rumänien oder Kalifornien wäre. Göring wollte sogar einmal Kupferminen entdeckt haben. Die Nachrichten werden in die Presse lanciert, noch mehr übertrieben, als es bereits in Interviews und Reden geschehen ist. Es ist ein Täuschungsversuch – bestimmt für die Anhänger, die glauben sollen, Deutschland sei das reichste Land der Welt, und erst der Nationalsozialismus habe diese Entdeckung gemacht und Deutschlands Reichtum geschaffen. Dabei war es nie ärmer, wurde es nie mehr ausgeplündert als vom Hitlerregime.

Zu Beginn des Regimes wurden die Rüstungen verheimlicht, und jeder, der über sie auch nur andeutungsweise zu sprechen wagte, riskierte seinen Kopf. Als man die Verträge brach und offen rüstete, wurde der gesamte Rüstungsstand ebenso übertrieben wie die Qualität der Hitlerarmee. Jeder Fachkundige und jeder Laie konnte sich sagen, und sagte es sich auch, dass die Angaben falsch sein mussten, aber die Hitlerpropaganda verbreitete die Gerüchte einer schlagfertigen, kriegsfertigen Armee, und ihre Agenten nahmen die Parolen nicht nur im Inland, sondern auch im Ausland auf. Während der Generalstab sich sorgte, woher er Instrukteure, Offiziere, Techniker nehmen wollte, wurde verbreitet, die deutsche Armee stehe bereit, gegen ganz Europa einen siegreichen Krieg zu führen. So täuschte man eine größere Kraft vor, als vorhanden war, vorhanden sein konnte. Wer die Methoden der Hitlerpropaganda kannte, gab sich keinen Illusionen hin, sondern erkannte die Zaubertricks, denn Hadamovsky hatte in seinem Buch »Nationale Macht und Propaganda« bereits das Geheimnis der Bluffmethode enthüllt, indem er schrieb: »Alle Macht, ja, mehr Macht als vorhanden, muss gezeigt und demonstriert werden ... Klug und abgewogen und ausgeglichen wird die Machtpropaganda auch, ja gerade nach außen, die richtige Wirkung haben.«

Die Probe aufs Exempel wurde von Hitler im März 1936 gemacht, als die Hitlerregierung den Einmarsch ins Rheinland vollzog mit der bestimmten Absicht, den Plan aufzugeben, sobald die Mächte auch nur einen Schritt unternähmen, um Hitler zu zwingen, die Truppen wieder hinter den Rhein zurückzuziehen. Der Schritt, mit dem man in Berlin gerechnet hatte, erfolgte nicht, und der Bluff gelang.

Es ist Bluff, wenn die Hitlerpropaganda durch Paraden, auf denen die neuesten Tank- und Geschützmodelle gezeigt werden, den Eindruck erweckt, als verfüge das Regime bereits über ein in jeder Beziehung schlagfertiges Heer und stehe das Volk in seiner Gesamtheit geschlossen hinter ihm, während zweihunderttausend politische Gefangene in den Zuchthäusern sitzen, Millionen Menschen nur von Bitterkeit und Verachtung für ein gewalttätiges, barbarisches Regime erfüllt sind, das Land in einem Korruptionssumpf zu versinken droht, es mitten im Frieden ein Kontrollsystem für Lebensmittel gibt. Aber die Hitlerpropaganda sucht durch Bluffs ihre Stärke, ihre Unüberwindbarkeit, riesige Kraftreservoire vorzutäuschen und spekuliert auf die Furcht des Gegners, der die Waffen strecken soll, bevor auch nur ein Schuss abgegeben ist.

Die Methode der Überraschung ist mit der Methode des Bluffs verwandt, sie werden von der Hitlerpropaganda oft gleichzeitig angewandt, wie im November 1923 oder im Verlauf einer Reihe innen- und außenpolitischer Aktionen seit der Machtüberlassung. »Coup« und »fait accompli« sind wesentliche Methoden der Hitlerpropaganda, sie hat sie keineswegs geschaffen, in der Geschichte absolutistischer Regime haben sie immer eine große Rolle gespielt. Die Hitlerpropaganda hat diese Methode nur besonders raffiniert entwickelt und häufig angewandt, ihre Sonnabendcoups sind berüchtigt, aber wenn Hitler im Frühjahr 1937 erklärte, die Zeit der Überraschungen sei vorbei, heißt es nur, dass man mit neuen Überraschungen zu rechnen hat. Hitler hat selbst verraten, dass er den Krieg »spontan, plötzlich, sich jäh aus dem Dunkeln erhebend« beginnen werde.

Es war die Methode der Überraschung, die in den ersten Versammlungen angewandt wurde, als die Schlägerkolonnen über Zwischenrufer herfielen und sie blutig aus dem Saale prügelten. Die gleiche Methode gilt für die äußere und innere Politik nach dem Januar 1933. Im Februar 1933 erklärte der Reichsinnenminister Frick mit aller Bestimmtheit, man beabsichtige nicht, die Kommunistische Partei zu verbieten, und Goebbels erklärte: »Dazu lassen wir uns nicht von Herrn Hugenberg drängen.« Aber Hitler hatte zu dieser Zeit schon längst mit Goebbels den Aktionsplan und die Provokationsmethoden verabredet, nicht nur gegen die KPD, sondern auch gegen andere Parteien vorzugehen, und wenige Tage nach der demonstrativen Erklärung Fricks brannte der Reichstag, und der Überfall auf die Arbeiterparteien wurde vollzogen. In seinem Tagebuch notierte sich Goebbels in jener Zeit: »Wir wollen die Judenpresse in Sicherheit wiegen, um sie im entscheidenden Augenblick umso besser einfangen zu können.«

Hitler gelobte, an der Zusammensetzung des Kabinetts nichts zu ändern, aber Schlag auf Schlag veränderte er zur Überraschung seiner eigenen Verbündeten das Kabinett. Am 1. Mai 1933 begrüßte die Hitlerpropaganda die Erklärung der Gewerkschaften, »sich auf den Boden der Tatsachen zu stellen«, als Beweis der vollzogenen Einheit aller deutschen Arbeiter. Am anderen Morgen wurden die Gewerkschaften aufgelöst und ihre Büros besetzt, die Funktionäre verhaftet. Der Streich war schon vor dem 1. Mai vorbereitet worden.

Am 29. Juni flog Hitler nach Westdeutschland, um an einer Hochzeit teilzunehmen, kurz vorher hatte er selbst Röhm in einer stundenlangen Unterredung seiner freundschaftlichsten Gefühle versichert; der Lockspitzel und Karrierist Goebbels hatte eben noch mit demselben Röhm Pläne geschmiedet, aber am Morgen des 30. Juni 1934 erschien Hitler, von Panzerwagen begleitet, in Wiessee und führte die Mörder in das Schlafzimmer seines »ewigen« Freundes Röhm. »Ich dachte, Du kämst erst am Mittag«, murmelte der schlaftrunkene Überfallene.

In- und Ausland wurden durch die Austrittserklärung aus dem Völkerbund, durch die Einführung der allgemeinen Wehrpflicht, durch den Vertrag mit Polen, durch den Juliputsch in Wien überrascht. Bevor der Einmarsch ins Rheinland ausgeführt wurde, ließ die Hitlerpropaganda durch ihre eigenen Agenten und ausländische Korrespondenten, denen sie »vertraulich« falsche Informationen gab, die Nachrichten verbreiten, man beabsichtige eine Rückkehr nach Genf, Wiederaufnahme der Verhandlungen über Abrüstung und werde keineswegs irgendwelche Aktionen unternehmen, um die außenpolitische Position Deutschlands zu erschweren.

Die Absicht der Hitlerpropaganda war, »Zeitungen und Rundfunksender des Auslandes sollten blinden Alarm schlagen«. (Hadamovsky, ›Hitler kämpft um den Frieden Europas‹, S. 25) Nachdem diese Nachrichten durch die ganze Weltpresse gingen und noch in den Morgenblättern des 7. März 1936 zu lesen waren, marschierten Hitlers Truppen über den Rhein.

Je lauter die Hitlerpropaganda vom Frieden spricht, je eifriger sie ihre Loyalität beteuert, umso sicherer kann man sein, dass sie neue Überraschungen plant und inszenieren wird. Während sie vom Frieden redet, schmiedet sie neue Anschläge gegen den Frieden Europas. Über Napoleon III. wurde geäußert, um seine intrigenreichen Methoden zu charakterisieren: »Man erwog, was er gesagt und verschwiegen hatte, was er mit seinem Schweigen habe sagen wollen.«

Das gleiche gilt für die Hitlerpropaganda, die einer Welt suggerieren will, man müsse Vertrauen zu ihr haben, während sie in Wahrheit die schlimmsten Anschläge gegen den Weltfrieden vorbereitet und ausführt. Wie das deutsche Volk überfallen wurde, hofft Hitler die Welt zu überfallen, seine nächsten Freunde bestätigten ihm eine Meisterschaft in der Vorbereitung heimlicher Aktionen. Otto Dietrich schrieb in seinem Buch ›Mit Hitler an die Macht‹: »Verschwiegenheit ist eine Gabe, die der Politiker haben muss. Der Führer besitzt sie als Hilfsmittel bei der sorgfältigen Vorbereitung geheimer politischer Aktionen in ganz außergewöhnlichem Maße.« (S. 169) Von einer Propaganda und einem System solcher Beschaffenheit ist alles zu erwarten und zu fürchten, aber nichts zu hoffen, und wer sich Illusionen ergibt, ist nicht nur der Gefangene, sondern auch der Helfershelfer der Hitlerpropaganda.

Trommelfeuer

Am 15. Januar 1933 fanden in dem kleinen Lande Lippe Wahlen statt. Die Nationalsozialisten hatten in den Reichstagswahlen vom November 1932 schwere Verluste erlitten, in der Partei herrschte eine tiefe Depression, Gregor Strasser trennte sich von Hitler, die Geldgeber wurden sehr zurückhaltend. Um aus dieser schwierigen Lage herauszukommen, machte die Hitlerpropaganda verzweifelte Anstrengungen. Das Komplott Hitler-Schröder-Papen sollte die Voraussetzung für die Rettung vor dem Absturz der Partei schaffen, die Brücken zum Reichspräsidentenpalais schlagen. Zur Unterdrückung des Osthilfeskandals riefen die Junker nach Hitler. Was man aber vor den Massen und den Auftraggebern besonders brauchte, war die Bestätigung eines neuen Aufstiegs des Nationalsozialismus.

Die Wahlen in Lippe, völlig bedeutungslos bei der rein agrarischen Struktur und der Winzigkeit des Ländchens, keineswegs charakteristisch für die Stimmung der Massen im Reich, sollten der Exerzierplatz sein, auf dem die Hitlerpropaganda Junkern und Schwerindustriellen beweisen wollte, dass ihre »schwarzen Künste« noch verfingen. »Lippe« wurde zur Parole der Hitlerpropaganda. Alle Kräfte, alle Mühen wurden auf die Eroberung dieses unbedeutenden Ländchens gerichtet, auf das die Hitlerpropaganda ein Trommelfeuer von ungeheurer Wucht eröffnete.

Alle Redner wurden nach Lippe geschickt, Riesenzelte auf freiem Felde aufgeschlagen, in jedem Dorf fanden Versammlungen statt, Goebbels, Ley, Göring, Himmler, Röhm, Rosenberg, Hadamovsky sprachen in Kundgebungen, alle technischen Mittel wurden aufgeboten, die Reklame feierte Triumphe. Hitler selbst schlug sein Hauptquartier in einem alten Wasserschloss auf, ließ alle Künste der Propaganda spielen, sprach an einem Tag in 18 Versammlungen. Nie hatten die Bewohner des stillen Gebietes einen solchen Aufwand von Propaganda erlebt, in deren Fluten sie förmlich ertränkt wurden. Wieder einmal wurde auf zurückgebliebene Schichten spekuliert – die anderen Parteien, die die Bedeutung der Wahlen nicht verstehen wollten, die ihnen die Hitlerpropaganda beimaß, ließen es an Initiative fehlen.

Die Methode des Trommelfeuers, des Einsatzes aller Kräfte, um ein bestimmtes Ziel zu erreichen, wurde von der Hitlerpropaganda seit Beginn ihrer Tätigkeit angewandt, im Wesen dieser Methode hat sich bis in die jüngste Zeit nichts geändert, nur in ihrer Form, ihren Ausmaßen haben sich die größten Wandlungen vollzogen. Anlage und Mittel dieser Konzentration aller Kräfte entsprechen dem Riesenausmaß des Aufwandes an allen Reklamemitteln der Gegenwart.

Im Anfang richtete die Hitlerpropaganda alle Anstrengungen darauf, sich in München festzusetzen, sich einzunisten. Man ging nur allmählich zur Gründung von Ortsgruppen in der Provinz über, unternahm mit der gewaltsamen Eroberung von Coburg den ersten Schritt, sich in einer anderen Stadt auszubreiten. Einst hatte Hitler es so dargestellt, als sei er mit seiner SA in Coburg der Angegriffene gewesen, aber in einer Rede vom 8. November 1935 erklärte Hitler offen: »Wir haben dort in Coburg den roten Terror mit brachialer Gewalt niedergerungen zum Entsetzen unserer bürgerlichen Mitwelt.« Als Goebbels in Berlin auftauchte, imitierte er Hitlers Methode in Bayern.

In seinem Buch »Der Kampf um Berlin« bekennt Goebbels, dass der »Charakter der Propaganda in Berlin ein ganz anderer sein muss als in irgendeiner anderen Großstadt oder auf dem platten Lande. Berlin ist eine Viereinhalb-Millionen-Stadt. Es ist ungeheuer schwer, dieses zähe Asphaltungeheuer aus seiner lethargischen Ruhe aufzuwecken. Die Mittel, die dafür angewendet werden, müssen der ganzen Riesenhaftigkeit dieser Stadt entsprechen.« Goebbels griff erst über Berlin hinaus, als er merkte, dass es schwer war, in Berlin Boden zu gewinnen, trotzdem er gerade in Berlin die soziale Demagogie aufs Stärkste und ohne jede Hemmung in Anwendung brachte und in seinen Reden und Artikeln die pseudorevolutionäre Phraseologie maßlos steigerte.

Angesichts der stockenden Fortschritte verlegte Goebbels den Schwerpunkt der Propaganda in die Mark Brandenburg und schuf sich in einigen Landflecken feste Positionen, ging aufs Land, in die Vororte und Dörfer, und suchte Berlin »mit einem Ring von nationalsozialistischen Zellen zu umgürten«, um so »von hier aus einmal den Vormarsch in die Hauptstadt tragen zu können«; die Hitlerpropaganda rechnete nach Goebbels damit, dass »Rückwirkungen und Niederschläge auch bis nach Berlin durchdrangen«. Dann erst wandte man sich wieder Berlin zu. Nach ähnlichen Methoden arbeitete die Hitlerpropaganda in anderen Teilen des Reiches, dabei bluffte sie viel und gab sich oft ein stärkeres Aussehen als es tatsächlich vorhanden war. Wie im Kriege warf man seine Truppen bald an diese, bald an jene Front, ohne dass das Manöver immer vom Gegner durchschaut wurde.

Die Methode erreichte ihren ersten Höhepunkt in den Lippewahlen, die als Beweis der Überwindung ihrer Krise ausgegeben und von der Hitlerpropaganda in den Verhandlungen mit dem Hindenburgpalais ausgenutzt wurden. Nach der Machtüberlassung wandte man die gleiche Methode, nur mit noch größerer Stärke an. Wahlen und Schaufeste wurden so arrangiert, dass »das Auge des Volkes wie hypnotisch gebannt auf dieses eine Ereignis gerichtet wurde« (Goebbels).

Die Hitlerpropaganda beschränkt sich im Verlauf solcher Kampagnen scheinbar nur auf einen einzigen Gegner und lässt einen solchen Geschosshagel hernieder prasseln, dass der Anschein erweckt wird, als werde der Kriegsbeginn nur noch eine Frage von Stunden sein. Solche Kampagnen sind Generalproben, kriegsähnliche Manöver und Probemobilisierungen größten Stils, alle Nachrichtenmittel werden auf den Punkt gelenkt, den man in Angriff nimmt. Und es wird nicht immer leicht sein zu erkennen, ob der vorgetragene Propagandaangriff bereits die Kriegseröffnung einleiten soll, der Angriff einer anderen Gruppe gilt, oder die Fanfare überhaupt nur eine Schamade *[Ursprünglich war die ›Schamade‹ ein Zeichen des Belagerers, nach einem abgewehrten Sturm auf die belagerte Stadt die Toten beerdigen zu dürfen. Redensartlich bedeutet ›Schamade schlagen‹ sich ergeben, ›klein beigeben‹; red.]*

§ 8: Die Gewalt als Propaganda

EINE GROSSE, vielleicht die entscheidende Rolle hat in der Hitlerpropaganda die Gewalt gespielt, die an Bedeutung immer noch gewinnt. Seit ihren Anfängen hat die Hitlerpropaganda die Gewalt eingesetzt und war entschlossen, die »Ideen« der Bewegung mit Gewalt dem Volk aufzuzwingen. Die Gewaltanwendung in der Propaganda wurde mit der Hitlerpropaganda selbst geboren und war nicht nur der wichtigste, sondern vielleicht sogar der einzige Gedanke, der in der Konzeption in aller Klarheit und Schärfe vorhanden war, als man sich entschloss, die »Bewegung« zu schaffen.

Gewalt und Hitlerpropaganda sind unzertrennlich miteinander verbunden, und ohne Gewalt ist die Hitlerpropaganda nicht vorstellbar. Hitler macht in seinem Buch eine charakteristische Äußerung, die man als Selbstbekenntnis bezeichnen muss: »Der entschlossene Bandit hat es jederzeit in der Hand, dem anständigen Menschen seine politische Tätigkeit und Betätigung unmöglich zu machen.« (›Mein Kampf‹, S. 545). Die Hitlerpropaganda richtete ihre Praxis nach dieser Parole ein und befolgt sie bis zur Stunde. Hitler forderte, dass »brachiale Mittel« die Bewegung sichern müssten (S. 598), indem er erklärte, dass ein Staat auf die Dauer »nichts gegen den bedrohenden Terror« vermöge, sondern unterliegen werde (S. 598), ermunterte er die Anhänger zu ihren Gewaltaktionen. Hitler hat selbst in solchen Formulierungen die Methode gekennzeichnet, die seine Propaganda anwandte, um »der deutschen Nation die Freiheit und Ehre wiederzugeben«, in Wirklichkeit brachte er ihr Unterdrückung und Knechtschaft und zwang sie mit den Banditenmethoden der Todesdrohungen, Erpressungen und Folterungen, ihn als »Retter« anzuerkennen.

In seinen Ausführungen über die Novemberrevolution fälscht Hitler völlig die Ursachen des militärischen Zusammenbruchs und die Auswirkungen des jahrelangen Krieges wie die monatelangen schwersten Niederlagen der deutschen Armee, die zuletzt völlig erschöpft, dezimiert in Stellungen hielt, die nicht zu halten waren. Hitler will seinen Anhängern einreden, man hätte diesen unvermeidlichen Zusammenbruch verhindern können, indem man in der Heimat mit Blei und Gas gegen die Hungernden hätte vorgehen und die von der Generalität und dem kaiserlichen Regime betrogenen, in den Abgrund geführten Massen, die nur den Frieden, nichts als den Frieden sehnlichst verlangten, zusammenkartätschen sollen.

Trotzdem es eine unumstößliche historische Wahrheit ist, dass die Räte und die Republik überhaupt die Existenz Deutschlands und Millionen Menschen, unter ihnen auch Hitler selbst das Leben gerettet haben, erklärt die Hitlerpropaganda jetzt, dass kein Mittel brutal genug hätte sein können, um gegen die friedensbereiten Kräfte angewandt zu werden. Für die brutale Auffassung Hitlers und seiner Inspiratoren ist nichts so bezeichnend wie der Ratschlag Hitlers, »die Räte an die Wand zu stellen, etwaigen »Widerstand aber mit Minen und Handgranaten zu brechen«.

Zugleich gibt Hitler zu verstehen, wie er gegen alle, die künftig sich aktiv für den Frieden einsetzen und gegen seine verbrecherischen Kriegsabenteuer auftreten, vorgehen wird. Hitler schwelgt in den Gedanken eines entsetzlichen Blutbades, das dem Kriege im November 1918 eine andere Wendung hätte geben sollen, und erklärt wörtlich: »Zwölftausend Schurken« hätten zur »rechten Zeit« beseitigt werden müssen, vor allem hätte man »hebräische Volksverderber unter Giftgas halten« müssen (S. 772). Hitler selbst befand sich damals, bereits wiederhergestellt, im Lazarett und begnügte sich, zu weinen und zu schweigen, wobei man den Weinanfall noch als Erfindung und Propagandakniff bezeichnen muss.

Um die Gewalt auszuüben, schuf die Hitlerpropaganda die SA, die Hitler bald als Saalschutz, bald als Sturmabteilung bezeichnete. Der Kern der SA wurde von politischen Abenteurern, Studenten und lumpenproletarischen Elementen gebildet, die von Offizieren der alten Armee gedrillt und befehligt wurden; sie waren mit diesem Handwerk vertraut und hatten im Krieg (erinnert sei nur an die grauenvollen Blutbäder in Dinant und Löwen, an die Deportationen der belgischen Arbeiter, an das brutale Etappenregime), in den Bürgerkriegen (Ukraine, Finnland und Baltikum), später in Berlin, Halle, Bremen und München Proben ihrer Fähigkeiten abgelegt.

Die Schlagerkolonnen konnten umso brutaler vorgehen, als sie wussten, dass ihnen nichts geschehen würde, sie waren des Schutzes der Polizei sicher und auf alle Fälle des Schutzes der Gerichte und hatten mit einer sicheren sozialen Hilfe zu rechnen.

Die SA wurde von Hitler als aktivste und wirkungsvollste Propagandawaffe der Bewegung vor allem in den großen Massenversammlungen und Massenkundgebungen eingesetzt. Im Widerspruch zu seinen Unterführern hatte Hitler im Jahre 1925 in den »Grundsätzlichen Richtlinien für die neue Aufstellung der Nationalsozialistischen Deutschen Arbeiterpartei« durchgesetzt, dass die SA zur Parteigliederung und zur Schutz- und Propagandatruppe erklärt wurde. Sie wurde später eine Massenorganisation, deren Mitglieder sich aus dem Kleinbürgertum, weniger aus Arbeiterkreisen, rekrutierte.

Es war ein Novum in der Geschichte der Parteien Deutschlands, dass in einer Versammlung kein Widerspruch, kein Zwischenrufer, keine Diskussionsgelegenheit mehr geduldet wurde, für den Gegner überraschend, der sich wehr- und schutzlos von einer bewaffneten Horde auf ein gegebenes Zeichen plötzlich überfallen sah. Die Hitlerpropaganda machte aus jedem dieser feigen, tückischen Überfälle einen Sieg und wagte es noch, sich selbst als von »Verbrechern« überfallen zu bezeichnen. Die Methode der Gewalt zur Niederknüppelung des politischen Gegners wurde entwickelt und auf die gesamte terroristische Tätigkeit der SA übertragen, bis sie in den grauenvollen Aktionen nach dem Reichstagsbrand, den unzähligen »Nächten der langen Messer«, ihren Höhepunkt erreichte. Später wurden und werden in sogenannten Gerichtsverfahren die Überfallenen »legal« dem Henkersbeil überliefert.

Die propagandistischen Aufgaben, die der SA politisch und organisatorisch gestellt wurden, zeigt Hitler in folgenden Seiten auf: »Was wir brauchten und brauchen, waren und sind nicht hundert- oder zweihunderttausend verwegene Verschwörer, sondern hunderttausend und aberhunderttausend fanatische Kämpfer für unsere Weltanschauung. Nicht im geheimen Konventikel soll gearbeitet werden, sondern in gewaltigen Massenaufzügen. Wir haben dem Marxismus beizubringen, dass der künftige Herr der Straße der Nationalsozialismus ist, genau wie er einst der Herr des Staates sein wird«. (›Mein Kampf‹, S. 608)

Diese Ausführungen enthalten die Richtlinien für die wichtigste Aufgabe der SA: die freien Versammlungen des Gegners unmöglich zu machen, die Straße zum ersten Mal der Propaganda einer bürgerlichen Partei zu erobern. Mit Einsetzung brutalster Gewalt gelang es, dies Ziel zu realisieren. Man unternahm Aufmärsche, Bezirks- und Gautreffen, Propagandaumzüge usw. und erzwang sich mit solchen Methoden den Weg in die sozialistischen Arbeiterbezirke, wobei man den Schutz und die Hilfe der Polizei genoss. Die Umzüge waren mit blutigsten Exzessen der SA verbunden, wie die Vorgänge in Altona (1932), Berlin und anderen Orten beweisen.

Die SA-Kolonnen hatten, wie Hitler in ›Mein Kampf‹ ausführlich schildert, die Massen der Neugierigen in die nationalsozialistischen Versammlungen zu locken, man lud sie auf Lastautos, die mit schreienden, auffälligen Plakaten behangen waren. Die SA-Leute schwenkten die Hakenkreuzfahne, vollführten mit Trompeten und Reden einen möglichst großen Lärm und warben in dieser Weise wie durch Abwerfen von Flugblättern für den Besuch der Hitlerversammlungen. Die SA-Formationen wurden ferner als Propaganda-Stoßtrupps von der Hitlerpropaganda besonders bei der Eroberung der bäuerlichen Bezirke und der Dörfer verwendet.

Die Propagandamethoden der SA enthüllen, wie das Wesen der Hitlerpropaganda mit der Anwendung der Gewalt unlöslich verbunden ist. Die propagandistische Wirkung der Gewalt ist bekannt: Gewalt zieht an. Der Hitlermythos wäre nie entstanden ohne die Brachialgewalt der SA. Wenn in den Versammlungen die Möglichkeit bestanden hätte, Hitler entgegenzutreten, wäre der Glorienschein um Hitler zerfetzt worden.

Die massenhypnotischen Erscheinungen in den Hitlerversammlungen waren nur möglich, weil sie nicht als politische Kampf- und Diskussionsversammlungen organisiert wurden, sondern als mythische Feiern, deren Durchführung durch die Schlägerkolonnen der SA gesichert war. Hitler selbst schreibt: »Es war gleich von Beginn an wichtig, in unseren Versammlungen Disziplin einzuführen und die Autorität der Versammlungsleitung unbedingt sicherzustellen.« (›Mein Kampf‹, S. 541)

Ferner liest man dort: »Es wurde nicht von vornherein jedem eine endlose Aussprache zugesichert, sondern kurzerhand festgestellt, dass die Herren der Versammlung wir seien, dass wir infolgedessen das Hausrecht besäßen und dass jeder, der es wagen sollte, auch nur einen Zwischenruf zu machen, unbarmherzig dort herausflöge, von wo er hereingekommen sei, dass wir weiter jede Verantwortung für einen solchen Burschen ablehnen mussten. Wenn Zeit bleibt und es uns passte, so würden wir eine Diskussion stattfinden lassen, wenn nicht, dann keine, und der Herr Pg. *[Parteigenosse]* Soundso habe jetzt das Wort.« (S. 549) Hitler fügt hinzu: »Schon darüber staunten sie.« Durch die Demonstrationen und die Anwendung der Gewalt sollten die Gegner eingeschüchtert, die Schwankenden herangezogen und das Kraftbewusstsein der eigenen Anhänger gestärkt werden.

Die Aufgabe der SA beschränkte sich aber nicht darauf, jede Entgegnung in hitlerischen Versammlungen unmöglich zu machen, sondern sie erhielt eine noch größere Aufgabe, gegnerische Versammlungen und Kundgebungen zu stören und wenn möglich zu sprengen. Hitler, Goebbels, Hadamovsky und andere Führer der Hitlerpropaganda haben ausführlich die Vorzüge der Gewalt als Mittel der Propaganda begründet. Dass Gewalt nicht nur als Abwehr, sondern als Angriff benutzt werden müsse, erklärte Hitler schon in seiner Münchener Rede am 4. Januar 1921: »Die nationalsozialistische Bewegung in München wird in Zukunft rücksichtslos alle Versammlungen und Veranstaltungen verhindern, wenn es sein muss, mit Gewalt, die geeignet sind, zersetzend auf unsere ohnehin schon kranken Volksgenossen einzuwirken.« (›Völkischer Beobachter‹, 1921, Nr. 3)

Nach diesem Rezept wurde verfahren, und in Hunderten von Orten, besonders in kleinen Gemeinden und Dörfern verhinderte man gewaltsam in den Jahren 1931 und 1932 jede andere Versammlung. Am brutalsten wurde diese Methode in der Woche nach dem Reichstagsbrand durchgeführt, um zu verhindern, dass die der Presse beraubten Gegner, die man der Brandstiftung beschuldigte, die man selbst begangen hatte, sich in Versammlungen zur Wehr setzen konnten. Die meisten Versammlungen wurden verboten, die Teilnehmer der wenigen noch erlaubten Versammlungen wurden überfallen und niedergeschlagen, und in dieser Weise wurden die Versammlungen gesprengt und unmöglich gemacht.

Hadamovsky feierte die Gewalt als Mittel der Propaganda mit folgenden Worten: »Propaganda und Gewalt sind niemals abgestufte Gegensätze. Die Gewaltanwendung kann ein Teil der Propaganda sein.« Er spricht von dem Versuch bei der Gewinnung der Arbeiterschaft, Propaganda und »abgestufte Gewaltanwendung in ganz besonders grober Form zusammenwirken zu lassen«. Bei der Anwendung brutaler Gewalt, nicht zur Verteidigung, sondern zum Angriff, bei der Verhinderung von gegnerischen Versammlungen und Kundgebungen, bei der Organisierung von Überfällen auf Einzelpersonen oder kleine Gruppen von Gegnern war der Erfolg für die Hitlerpropaganda umso größer, als die Mehrzahl der hitlerfeindlichen Parteien der Gewalt keinerlei Widerstand entgegensetzten und die Parole ausgaben, die Schläger »unter sich« zu lassen und den Überfällen fernzubleiben. Bis sie eines Tages unsanft aus den Betten und Wohnungen gerissen und in die Prügelkeller der SA geschleppt wurden.

Von den Methoden des italienischen Faschismus zur Erringung der Macht hat der deutsche Nationalsozialismus die Methode der konzentrierten Überfälle auf Gewerkschaftshäuser, Zeitungsredaktionen usw. übernommen. Der erste große organisierte Überfall der SA auf die Arbeiterschaft erfolgte in Coburg. Dass es sich um einen bewussten, planmäßigen Überfall handelte, hat Hitler später im Rausche der Macht zugegeben und damit seine früheren Darstellungen in ›Mein Kampf‹ selbst Lügen gestraft.

Der Erfolg in Coburg bestimmte Hitler, die SA in einem noch größeren Maße als früher als Propagandastoßtrupps einzusetzen und Ort um Ort durch die SA erobern zu lassen, oder, wie Hitler formuliert: »Jetzt wurden immer wieder nationalsozialistische Bataillone in solchen Orten zusammengezogen, und allmählich fiel in Bayern eine rote Hochburg nach der andern. Die SA hatte sich immer mehr in ihre Aufgabe hineingewachsen, und sie war damit von dem Charakter einer sinnlosen und lebensunwichtigen Wehrbewegung immer weiter weggerückt und zu einer lebendigen Kampforganisation für die Errichtung eines neuen deutschen Staates emporgestiegen.«

In mannigfacher Weise wurde das Mittel der Gewalt verwendet. Der Gegner, der sich nicht mitreißen, täuschen, einfangen, betören ließ, wurde zuerst isoliert und sollte sich vereinsamt fühlen. Man raubte ihm nach der Machtüberlassung im Jahre 1933 seine Partei, seine Presse, seine wirtschaftlichen Organisationen, ging darauf noch weiter, indem man ihm seine wirtschaftliche Existenz entzog und ihn zum »Berufstod« verurteilte. Emigrierte er, wurde er ausgebürgert, angeprangert, expropriiert, geächtet, seine im Lande etwa verbliebenen Angehörigen werden als Geiseln festgenommen, der politische Gegner wird stets zugleich zu einem kriminellen Verbrecher gemacht. Bleibt er im Lande, so wird er in keine Organisation aufgenommen, als Aussätziger betrachtet und behandelt. Das sind die passiven Methoden der Gewaltanwendung. Wehrt sich der Diffamierte in irgendeiner Form – die Verweigerung des Grußes »Heil Hitler« genügt –, so geht man zur offenen Gewaltanwendung über, die verschiedene Stufen kennt und auf dem Schafott endet.

Dabei gebärdet sich die Hitlerpropaganda noch so, als ob die Gewalt, der Terror in jeder Form gar nicht vorhanden wären. So ungeheuerlich es erklingen mag, es ist eine Tatsache, dass Millionen Menschen, besonders auf dem Lande und in kleineren, aber auch größeren deutschen Städten, nichts von Terrorakten wissen oder derart unbestimmte Gerüchte gehört haben, die ihnen nicht glaubhaft erscheinen. Die beharrliche Ableugnung des Terrors dient dazu, diesen Glauben noch zu bestärken.

Bei Verhaftungen, ja schon bei Haussuchungen oder nur bei Nachfragen, werden die Angehörigen eingeschüchtert, durch Drohungen zum Stillschweigen genötigt, indem man ihnen eröffnet, sie würden selbst verhaftet, wenn sie auch nur eine Andeutung machen würden, dass sich irgendetwas zugetragen habe. In ihrer Angst geben dann die Leute, die sich stets beobachtet und verfolgt glauben, an, der Mann sei verreist, arbeite in einer anderen Stadt usw. Alle solche Angaben sind erlogen und Folgen der Erpressung und Drohung. Durch solche Methoden sucht die Hitlerpropaganda die Aufklärung der zahllosen Terrorakte zu verhindern und die Illusion friedlichster Zustände zu erwecken. Deshalb sind auch die Berichte vieler Auslandsjournalisten, die keinerlei Verbindung mit dem Volk haben und auch nicht haben können, so unzuverlässig und völlig unzulänglich.

Die verwirrenden Methoden der Propaganda – selbst Gerüchte über Terrorakte aufzubringen, sie später durch die Opfer selbst dementieren zu lassen – bestärken manche Menschen in ihrem Unglauben an die Gräuel, allmählich gelangen sie dahin, nichts mehr zu glauben, zu resignieren, den Dingen ihren Lauf zu lassen. Auf solche Stimmungen spekuliert die Hitlerpropaganda, wie sie andererseits hofft, dass die ständige Anwendung der Gewalt abstumpfend wirkt.

Die Angst wurde zu einem wichtigen Faktor dieser Methode, sie zermürbt, bringt zur Verzweiflung, wirkt sich umso stärker aus, als ringsum eine eherne Mauer aufgerichtet scheint, die man nicht durchstoßen zu können glaubt. Zur Angst gesellt sich das Misstrauen gegen jedermann. Wo ist noch ein Freund, wer ist schon Feind? Wer wird morgen der Feind sein? Man treibt den Zweifelnden zur Verzweiflung, und wenn er politischen oder gar physischen Selbstmord begeht, frohlockt die Propaganda, der Tote aber ist von ihr ermordet worden. Eine solche Form der Propaganda ist zuerst vom italienischen Faschismus angewandt worden, der Nationalsozialismus hat sie in abscheulichster Weise fortgebildet.

Die Beharrlichkeit erklärt Hitler auch in der Gewaltanwendung, deren Formen sehr verschieden sind, für »eine allererste Voraussetzung zu einer Kampfesweise mit den Waffen der nackten Gewalt« (›Mein Kampf‹, S. 188); Hitler macht es der Propaganda zur Vorschrift, im »Kampf gegen eine Lehre« nie Gewalt mit Nachsicht wechseln zu lassen, damit sich die »zu unterdrückende Lehre nicht erholen« könne. Die Illusionen, als ob die Hitlerbewegung zu Konzessionen oder Kompromissen geneigt sei, die schon bei der Zwangslage, in der sich der Nationalsozialismus befindet, und bei dem Charakter seiner Bewegung unmöglich sind, werden durch Hitler selbst zerstört, der seinen Propagandisten erklärt, dass »in der ewig gleichmäßigen Anwendung der Gewalt allein die allererste Voraussetzung zum Erfolg« liege, unterdrücke man den Gegner, eine Lehre nicht völlig und nicht permanent, so werde »nach dem Abflauen einer Welle des Druckes die Empörung über das erduldete Leid der alten Lehre neue Anhänger zuführen, die bereits vorhandenen aber werden mit größerem Trotz und tieferem Hass als vorher an ihr hängen, ja schon abgesplitterte Abtrünnige nach Beseitigung der Gefahr zur alten Einstellung zurückzukehren versuchen«. (›Mein Kampf‹, S. 188) Nur die »Waffe der brutalen Gewalt, beharrlich und rücksichtslos eingesetzt«, ist nach der Hitlerpropaganda imstande, die Entscheidung herbeizuführen, diese Methode gilt sowohl für die »Bekämpfung des Marxismus« (S. 189) als für die gesamte Politik des Hitlerregimes überhaupt.

Dies Rezept Hitlers wurde konsequent durchgeführt. Der Terror hat seit 1933 bis zur Stunde nicht einen Augenblick aufgehört, ja er hat sich sogar noch verschärft, wenn er auch heute »legal« erscheint, er ist in Wirklichkeit noch viel brutaler und gewaltsamer geworden und richtet sich heute auch gegen eine weit größere Front, auch gegen völlig unpolitische Gruppen. Seit 1933 werden viele Hunderte von Gefangenen in den Konzentrationslagern festgehalten, sind nie verhört, nie angeklagt, nie verurteilt worden. Man hält sie fest – einfach fest, ohne Erbarmen, ohne jeden Grund, ohne jedes Recht. Und diese Haft soll lebenslänglich sein.

Die heimlichen Morde an politischen Gegnern nehmen zu. Diese Zustände sind eine Enttäuschung für jene, die das Wesen des Hitlerfaschismus nicht durchschauten und glaubten, alles werde sich im Laufe der Zeit geben, der Terror werde nachlassen, eine Normalisierung eintreten, man werde auch im Dritten Reich leben können. Von der Niederschlagung der Zwischenrufer in den ersten Hitlerversammlungen führt ein direkter Weg zur Intervention in Spanien und zum geplanten Eroberungskrieg. Dieser Weg kennt viele

Etappen, eine dieser Etappen bildet im innen- wie im außenpolitischen Kampf die Propaganda der ständigen Erpressung. Wich einmal der Gegner – also die Staatsgewalt – vor einer Erpressung zurück, so wurde der Erfolg sofort propagandistisch ausgewertet.

In seiner Außenpolitik wiederholt Hitler diese Methode. Die »Nacht der langen Messer« war eine der stärksten Propagandalosungen der letzten Phase im Kampf um die Machtüberlassung. Der Reichstagsbrand mit seinen unmittelbaren Folgen, den Menschenjagden, den Prügelkellern, die politischen Prozesse, die Konzentrationslager, die Hinrichtungen, alles, was man »Terror« nennt, steht in Wechselwirkung zur Propaganda. Zur totalen Propaganda gehört der Terror. Kein Zweifel, dass die letzte Krönung der Methode, die Gewalt in den Dienst der Werbung zu stellen, im Kriege sichtbar wird. Hitler hat in seinem Buche ausgeführt, dass die Gewaltanwendung nur dann zum Siege führe, wenn sie systematisch und gleichmäßig, nicht sprunghaft angewendet werde. Was die SA im Kampfe um die Eroberung Deutschlands gewesen ist, soll, wenn es nach Hitler geht, im Kampfe um die Eroberung der Welt Hitlers Armee werden.

Die angesehene englische Monatsschrift ›The Banker‹ (Februar 1937) hat in einer Betrachtung der deutschen Lage festgestellt: »Die deutsche Armee hat heute eine besondere Funktion zu erfüllen. Sie würde keine Siegesaussichten gegen eine starke Koalition der Mächte haben. Sie ist aber stark genug, um in Europa die Angst vor dem Krieg zu erzeugen, und diese Angst wird von den Nationalsozialisten zu politischen und ökonomischen Erpressungen benutzt. Solange es aber zugelassen wird, dass diese Methoden Erfolg haben, wird die Kriegsgefahr nicht von der Tagesordnung verschwinden.«

Die Hitlerpropaganda rüstet und treibt nicht nur zum Krieg, sondern ist, allen ihren scheinheiligen Beteuerungen zum Trotz, bereit, jede Friedensopposition mit blutigster Gewalt zu beseitigen, sie hält Männer wie Thälmann, Mierendorf, Ossietzky, der mit dem Friedensnobelpreis ausgezeichnet wurde, seit vier Jahren in Haft, sie bekämpft jeden ehrlichen Friedenskämpfer im Lande mit Gewalt, erzählt aber einem Lansbury Märchen, die sie schon am andern Tage demonstrativ selbst Lügen straft. Wie man in einem kommenden Krieg gegen Pazifisten vorzugehen gedenkt, hat Hitler selbst bereits angedroht, wie zu Beginn dieses Kapitels dargestellt wurde.

In ›Mein Kampf‹ erklärt Hitler, für »schwache, schwankende oder gar feige Menschen« gäbe es im Kriege nur eine Möglichkeit: »An der Front kann man sterben, als Deserteur muss man sterben.« Ein Deserteur aber ist für Hitler nicht nur der Mann, der sich weigert, an die Front zu gehen, sondern jeder ehrliche, aufrichtige Friedensfreund, der nicht dulden will, dass das von Hitler unterdrückte Volk in ein Abenteuer gestürzt wird, die nationalen Interessen von der Hitlerpropaganda um ihrer Eroberungsziele und Macht wegen geopfert und verraten werden, Europa in ein Trümmerfeld verwandelt wird. Für die permanente Gewaltanwendung befolgt man bestimmte taktische Regeln, indem man von der Erkenntnis ausgeht, dass die Gewalt umso erfolgreicher ist, je brutaler man sie anwendet. Bereits im Jahre 1914 verfuhr man nach dieser Regel, indem man Blutbad auf Blutbad vor allem in Belgien und Nordfrankreich unter der waffenlosen, friedlichen Zivilbevölkerung anrichtete. Gegen den »innern« Feind verschärft man diese Methoden noch.

Der Überfall deutscher Flieger auf die friedliche, zum Markt strömende Bevölkerung von Guernica, die sinnlose Zerstörung der alten Stadt, die Niedermetzelung wehrloser Bauern, Greise, Frauen und Kinder, die wie Treibwild hin- und hergejagt wurden, zeigt, welcher Grausamkeit das Hitlerregime in einem kommenden Krieg fähig ist. Die Anbeter der Gewalt irren sich aber, wenn sie sich einbilden, ihre Methoden sicherten ihnen den Sieg, die sich gegen die verbrecherischen Urheber selbst wenden.

Als die »Lusitania« versenkt wurde, war ein Schiff mehr versenkt, aber der Gegner benutzte den Anlass, um die Öffentlichkeit Amerikas für den Eintritt in den Krieg zu mobilisieren. Die Hitlerpropagandisten irren sich auch, wenn sie glauben, man könne auf die Dauer den Gegner einschüchtern und verängstigen, sie erzeugen vielmehr selbst den Abscheu, den Widerwillen, die Erbitterung und den Entschluss zum Widerstand und diesen Widerstand selbst. Kein Land ist so unterdrückt wie Deutschland, nirgends gibt es so viele Tausende politische Gefangene, aber unaufhörlich schließen sich die Reihen der Hitlergegner wieder, und nirgends gibt es so viele Helden eines mutigen Kampfes gegen die Gewalt wie in Deutschland, die entschlossen sind, um jeden Preis und jedes Opfer die blutige Diktatur des deutschen Faschismus mit Gewalt zu stürzen.

§ 9: Modell-Lügen

ABER NUR BESONDERS GROßE LÜGEN, die so groß sind, dass eben kein Mensch glauben kann, dass sie Lügen sind, haben eine Wirkung …

»In der Größe der Lüge liegt immer ein gewisser Faktor des Geglaubtwerdens, da die breite Masse eines Volkes im tiefsten Grunde ihres Herzens leichter verdorben, als bewusst und absichtlich schlecht sein wird, mithin bei der primitiven Einfalt ihres Gemütes einer großen Lüge leichter zum Opfer fällt als einer kleinen, da sie selbst ja wohl manchmal im Kleinen lügt, jedoch vor zu großen Lügen sich doch zu sehr schämen würde.

Eine solche Unwahrheit wird ihr gar nicht in den Kopf kommen, und sie wird an die Möglichkeit einer so ungeheuren Frechheit der infamsten Verdrehung auch bei anderen nicht glauben können, ja selbst bei Aufklärung darüber noch lange zweifeln und schwanken und wenigstens irgendeine Ursache doch noch als wahr annehmen, daher denn auch von der frechsten Lüge immer noch etwas übrig und hängen bleiben wird …«

(Adolf Hitler, ›Mein Kampf‹, 1. Band, S. 252.)

Die Hitlerpropaganda hat die Lüge als Waffe im politischen Kampf keineswegs entdeckt. List und Lüge, Intrige und Manöver haben in allen Epochen der Geschichte ihre Rolle gespielt. Die großen Kämpfe im Athen des fünften Jahrhunderts v. Chr. wie die furchtbaren Auseinandersetzungen im letzten Jahrhundert der Römischen Republik liefern eine Fülle von Anschauungsmaterial für die Rolle, die die Lüge im politischen Kampf gespielt hat, sodass noch heute Gestalten wie Alkibiades, Marius, Cicero, ja sogar Cäsar dem Historiker große Rätsel aufgeben, wenn er sich von der Überlieferung freizumachen und das vorhandene Material kritisch zu bewerten sucht. Die Stadtkämpfe des mittelalterlichen Italiens, die erbitterte Fehde um Wallensteins Pläne lehren uns, mit welchen Methoden der Gegner in Kämpfen um die Macht zu arbeiten pflegt.

In der neuesten Zeit entzündete die von Bismarck gefälschte *Emser Depesche* den Krieg Preußens gegen Frankreich im Juli 1870; zuletzt haben wir im Kriege 1914-1918 erlebt, welche gefährliche Waffe die Lüge werden kann. Immer wurde nicht nur mit Schwertern gefochten, mit Kanonen geschossen, sondern immer wurde auch verleumdet, intrigiert und manövriert, wurden bewusst falsche Nachrichten verbreitet, und wahrscheinlich sind mehr Schlachten durch Irreführung und Täuschung des Gegners über die eigene Stärke und Stellung gewonnen worden als nur durch den Einsatz der blanken Waffe beim Sturmangriff.

Die Nachrichtenoffiziere des deutschen Generalstabs hörten in ihren Kriegsakademiekursen zwar wenig von der Kunst der Politik, aber einen Satz prägten sie sich bestimmt ein, der von einem Meister der Strategie und Taktik, von Clausewitz, stammt, sich in seinem Buch ›Vom Kriege‹ findet und gerade in Deutschland immer und immer wieder zitiert wird: »Der Krieg ist die Fortsetzung der Politik mit anderen Mitteln.« Die Leiter der Hitlerpropaganda haben diesen Lehrsatz neu geprägt: »Die Politik ist die Vorbereitung des Krieges mit gleichen Mitteln.«

Die Hitlerpartei, an der alles, seien es die fünfundzwanzig Punkte ihres »Programms«, seien es ihre Wirtschafts-, Finanz-, Sozial- und Gesamt-Politik, ihre Lehre und Theorien, verlogen ist und die Verlogenheit an sich ist, hat durch ihre Propaganda aus der Anwendung von Lüge und List ein vollständiges, wohl geordnetes System gemacht, das sie als erstes und oberstes Gesetz aller taktischen Operationen gegen den »inneren Feind« wie zur Durchsetzung ihrer außenpolitischen Ziele proklamiert und anwendet. Die Lüge, die früher heimlich, verstohlen und nur »aus Not« benutzt wurde, ist von der Hitlerpropaganda »ehrlich gesprochen« worden und wird offen als ein »nützliches«, nicht nur erlaubtes, sondern tugendhaftes Mittel im täglichen Kampf und in der stündlichen Nachrichten- und Funksendung angepriesen.

Unter allen Offizieren werden im Dritten Reich am höchsten und als die größten vorbildlichen Helden in Lied und Wort, in Schule, Presse und Kunst die deutschen Nachrichtenoffiziere, Agenten, Spitzel und Spione gefeiert.

In der Blütezeit des deutschen Rittertums, das von der Hitlerpropaganda unermüdlich romantisch verherrlicht wird, galt es für entehrend, einen Sieg nicht im offenen, ehrlichen Kampf zu erringen, es war vielmehr schimpflich, ihn durch List oder gar Betrug zu erschwindeln. Mit diesen Vorstellungen hat die Hitlerpropaganda gründlich aufgeräumt. Für Goebbels sind List, Lüge, falsche Manöver und Intrigen nicht nur erlaubte, sondern natürliche Kampfmittel, von deren Anwendung er in aller Öffentlichkeit mit selbstgefälliger Eitelkeit und Stolz erzählt; in seinem »Tagebuch« wird er nicht müde, jede einzelne Phase des Komplottes Hitler-Schleicher gegen Brüning zu schildern. Am 8. Mai 1932 vermerkt Goebbels: »Alles geht gut, der Führer hat eine entscheidende Unterredung mit Schleicher«; später liest man: »Wir bekommen Nachrichten vom General Schleicher. Die Krise geht planmäßig weiter.«

Wieder einige Tage später heißt es: »Unsere Wühlmäuse sind bei der Arbeit.« Nachdem Goebbels erfahren hat, dass Brüning mit Hilfe Schleichers fallen wird, notiert er im »Tagebuch«: »Ich schreibe einen scharfen Aufsatz gegen Brüning.« Ein Beispiel neudeutscher Tapferkeit. Am 18. Mai stellt Goebbels fest, dass Brüning bedenklich ins Wanken gekommen sei, und höhnt über den ahnungslos Umstrickten: »Und das Komische dabei, dass er selbst es gar nicht merkt.« Ober welche ausländische Regierung mag Goebbels im Frühjahr 1937 eine gleich höhnische Bemerkung in sein neues Tagebuch eingetragen haben?

Kurz zuvor vermerkt Goebbels, dass das Hamburger Naziblatt einen unzeitgemäßen Vorstoß gegen Schleicher gemacht hat. Der Redakteur wurde entlassen.« Der »zeitgemäße Vorstoß« gegen Schleicher erfolgte am 30. Juni 1934, als ein Peloton SS den General und seine Frau niederschoss. Die Urheber des »zeitgemäßen Vorstoßes« wurden befördert.

Immer wieder tauchen Versionen über das Verhältnis der deutschen Armeeleitung und des Offizierskorps zur Hitlerregierung und nationalsozialistischen Partei auf. Wie verschieden dieses Verhältnis in verschiedenen Zeiten der Entwicklung auch gewesen ist, und wie verschiedenartig die Stellung einzelner Gruppen innerhalb der Armee zum System und seinem Führer auch ist, so gibt es doch in einem Punkt keine Meinungsverschiedenheit, in einer Frage sind sich alle Gruppen und Schulen der Armee mit der Hitlerführung einig: in der Anwendung der Lüge als wichtigster und unentbehrlicher Waffe in der Diplomatie und Politik, im Krieg.

Der deutsche Generalstab schätzt die Lüge als höchstes Kriegsmittel ein und ist davon überzeugt, dass in künftigen Kriegen die Armee siegen wird, die am »meisten lügen kann«. Bei Meistern auf diesem Gebiet, wie es Hitler, Goebbels und Göring sind, hofft der deutsche Generalstab, dieses Mal mit dem von ihm entdeckten neuen Mittel den Sieg an seine Fahnen zu heften. Der deutsche Generalstab lässt darüber in seinem offiziellen Blatt, der »Militär-Wochenschau«, folgende neue strategische Pläne zur Bezwingung aller Gegner aufstellen: »Zur Zeit Friedrichs des Großen galt nur das Wort: *Gott ist bei den stärksten Bataillonen. Heute, in der Zeit des geistigen Krieges, darf noch hinzugefügt werden: Und bei dem, der am meisten lügen kann.*

Das ist zwar nicht neu im Ringen der Völker untereinander, hat doch auch Bismarck schon gesagt: *Niemals wird mehr gelogen als vor einer Wahl, während eines Krieges und nach einer Jagd.* Aber neu ist, dass die Lüge ein Großbetrieb geworden ist, der biologisch, als kriegsmäßig angesehen wird. Man wäre nicht mit der Entwicklung gegangen und rückständig, würde man als beste Waffe gegen die Lüge die moralische Entrüstung einsetzen. Gute Lügen können nur durch bessere schachmatt gesetzt werden. Das erfordert mehr geistige Arbeit, als die einfache Wahrheit reden zu lassen. Darum ist die Lüge ein höheres Kriegsmittel als diese.«

Bei ihren Lügen geht die Hitlerpropaganda von der Erwägung aus, dass die »große Masse« (gemeint ist die große Schicht des politisch ungeschulten Menschen) »fast unfehlbar der Kraft des Wortes erliegt, unbekümmert um die innere Wahrheit« (Hadamovsky); Goebbels schreibt: »Es gibt keine Propaganda, die ihrem Prinzip nach gut oder böse wäre. Der moralische Wert ihrer Tendenz wird entschieden von der Höhe des Zieles, das sie zu erreichen versucht.« In dieser Formulierung ist die »grundsätzliche Stellung« der Hitlerpropaganda zur Lüge als Mittel der Propaganda enthalten, dieser »Grundsatz« ging der Partei und Bewegung in Fleisch und Blut über und wurde zum Leitmotiv der gesamten Hitlerpropaganda.

Dieser Propaganda traute Hitler zu, aus der Hölle den Himmel und aus dem Himmel die Hölle machen zu können; sie fälschte alle Werte, machte aus weiß schwarz und aus schwarz weiß, arbeitete mit den Reichswehr- und Polizeistellen zusammen und beklagte sich gleichzeitig über die polizeiliche Verfolgung, gewann trotz zahlloser, meist plumper Lügen Millionen von Wählern und Anhängern zu einer Zeit, als der Gegner noch über eigene Zeitungen, Organisationen, Macht verfügte und in der Regierung saß. Diese Art von Propaganda musste sich für fähig halten, in der entscheidenden Stunde des Kampfes für Hitler die Macht mit einer Lüge zu gewinnen, nachdem es sich als nicht möglich erwiesen hatte, den Siegeslorbeer in offener Schlacht durch einen »Marsch auf Berlin« zu erreichen – mit der Lüge der Reichstagsbrandstiftung.

Die ›Meisterlüge‹

Über die Lügen, deren sich die Kriegspropaganda bediente, über ihre Entstehung und Geschichte wurden nach dem Kriege in fast allen Ländern zahlreiche Abhandlungen und Bücher geschrieben. Die Lügen der vierjährigen Hitlerpropaganda zu schildern, wäre ein vergebliches Unterfangen. Sie sind fast so zahlreich wie die Worte, die die Hitlerpropaganda verbreitet. Aber zur Charakterisierung der hitlerischen Propagandalügen sollen zwei typische Hitlerlügen kurz geschildert werden.

Die Fälschung und Ausnutzung propagandistischer, angeblich politischer Verbrechen oder Attentate zu politischen Zwecken ist ebenfalls keine Entdeckung der Hitlerpropaganda. Was die Hitlerpropaganda Neues schuf, sind die furchtbare Größe einer Lüge im Zusammenhang mit einem politischen Verbrechen und – dafür sprechen mehr als Indizien – die Organisierung des Verbrechens selbst, um auf diese Weise den Ausgangspunkt des Propagandafeldzuges zu schaffen. Bismarck hatte das »Glück«, dass zwei Geisteskranke auf Wilhelm I. in einer »passenden« Zeit Attentate verübten, die der Kanzler zur Offensive gegen das Zentrum wie gegen die junge deutsche Sozialdemokratie ausnutzte. Als Bismarck die Kunde vom Attentat Nobilings auf Wilhelm I. im Sommer 1878 erhielt, rief er aus: »Jetzt habe

ich sie!« Kurze Zeit darauf peitschte Bismarck im Reichstag das Sozialistengesetz durch.

Die Hitlerpropaganda brauchte ein Attentat zu einem ganz bestimmten
Zeitpunkt, nicht früher, aber auch nicht später als in den Wochen von Mitte
bis Ende Februar 1933. Am 5. März sollten die Reichstagswahlen stattfinden.
Am 31. Januar waren bereits zwischen Hitler und Goebbels die Richtlinien für
den Kampf gegen die sozialistische Opposition festgelegt worden; man wurde
sich einig, wie Goebbels in seinem »Tagebuch« berichtet, mit direkten Maßnahmen zu warten. Es heißt in Goebbels »Tagebuch«: »Der bolschewistische
Revolutionsversuch muss zuerst einmal aufflammen. Im geeigneten Moment
werden wir dann zuschlagen.« Am 27. Februar »flammte der deutsche
Reichstag auf«, der zwischen Hitler und Goebbels besprochene »bolschewistische Revolutionsversuch« wurde in Szene gesetzt.

Der Brand des deutschen Reichstages am 27. Februar 1933 gehört zu den
folgenschwersten Verbrechen der Weltgeschichte, denn erst mit der
Ausnutzung dieses Verbrechens gelang es den Nationalsozialisten, sich die
Reichswehr und deutschnationalen Kreise als Verbündete zu sichern, einen
weiteren, für den Wahlausgang entscheidenden Teil der Mittelschichten als
Wähler zu gewinnen, sich so gestärkt auf die Arbeiterbewegung zu werfen
und die entscheidenden Schritte zur Errichtung der totalen Diktatur zu
machen. Im Zusammenhang unserer Darstellung interessiert nur die
propagandistische Ausnutzung des Verbrechens durch die Hitlerpropaganda.

Mit Göring erschien Adolf Hitler als einer der ersten am Brandplatz. Dort
wandte er sich sofort an den ihn begleitenden Vizekanzler von Papen und
brach, eiliger noch als Bismarck nach dem Attentat Nobilings, in die Worte
aus: »Das ist ein von Gott gegebenes Zeichen. Niemand wird uns jetzt
hindern, die Kommunisten mit eiserner Faust zu vernichten.«

Als Hitler diese Worte sprach, war als vermutlicher Brandstifter ein junger
Holländer verhaftet worden. Mehr als diese Festnahme wusste selbst die
Polizei nicht. Der ›Völkische Beobachter‹ (Berliner Ausgabe, 1. März 1933)
schildert die Verhaftung und schreibt, in Fettdruck und als Untertitel gesetzt:
»Zwei Stunden später (nach der Verhaftung) stand fest, dass das Subjekt
Kommunist ist.«

Die Polizei weiß erst nach elf Uhr, dass das »Subjekt« ein Kommunist ist,
Hitler bezichtigt aber bereits kurz nach neun Uhr die Kommunisten der
Brandstiftung. Später wurde nachgewiesen, dass auch die polizeiliche
Behauptung falsch und der Verhaftete kein Kommunist war. Aber Hitler geht
es nicht um die Wahrheit, sondern um das Losungswort, um das Feldgeschrei
für den Wahlkampf. Mit dem Wort Hitlers war das Stichwort für die

Propaganda und damit für die zügelloseste, wildeste und blutigste Hetze gegen die Linke in Deutschland gegeben.

Nur noch fünf Tage trennt die Regierung von der Wahl zum deutschen Reichstag, die die Entscheidung bringen muss. Zeit genug, um alle vorbereiteten Minen der Propaganda springen zu lassen, kurz genug, um den Gegner zu verhindern, sich zu sammeln und das Verbrechen der Brandstiftung aufzuklären. Die Flut der Propaganda steigt von Stunde zu Stunde und erzeugt einen Taumel der Hysterie und Massenpsychose.

Wie der »Preußische Pressedienst« behauptet, hat der Angeklagte gestanden, nicht nur Mitglied der Kommunistischen Partei zu sein, sondern auch mit der Sozialdemokratischen Partei in Verbindung gestanden zu haben. Diese Behauptung genügt, um die sozialdemokratische Presse für vierzehn Tage zu verbieten. Die kommunistische Presse wird verboten, und ihre sämtlichen Wahlschriften, Wahlplakate werden beschlagnahmt. Der Gegner wird gebunden, gefesselt und geknebelt, verhaftet und eingekerkert oder totgeschlagen, die Hitlerpropaganda brüllt immer heiserer: »Zerstampft die Kommunisten! Zerschmettert die Sozialdemokraten! Schlagt die Brandstifter, Mordbrenner und Marxisten tot!« Ein Hexentanz hebt an, ein teuflisches Treiben beginnt. Es ist der Tag des höchsten Triumphes der Hitlerpropaganda, besonders der von Hitler gepriesenen Methode, »aus einem Himmel eine Hölle zu machen«.

Am 1. März klebt bereits in den deutschen Städten ein Riesenplakat mit den frechsten Lügen. Nur die Tatsache, dass die Massen der Hitleranhänger durch die Propaganda bereits in einen Taumel und eine Massenhysterie versetzt waren, konnte der Hitlerpropaganda erlauben, ein solches Plakat anzuschlagen. Unerhört dumm waren die Lügen vorgetragen. Die Hitlerpropaganda behauptet, die ganze Welt werde brennen, wenn die Sozialdemokraten auch nur einige Monate an die Macht kommen würden, und zu gleicher Zeit wurde auf größten Plakaten dem Volk vorgerechnet, welche Folgen eine vierzehnjährige sozialdemokratische Regierung für das deutsche Volk gehabt habe.

Bis zur Wahl erschienen Dutzende weiterer Plakate, eines verlogener, hetzerischer als das andere.

Aber die Wahlen am 5. März brachten Hitler nur einen Teilerfolg. Trotz der nie zuvor erlebten Hetzpropaganda und des Verbotes der kommunistischen und sozialdemokratischen Presse wurden am 5. März gewählt:

Stimmen:	31. Juli 1932	5. März 1933
Nationalsozialisten	13.745.780	17.263.823
Sozialdemokraten	7.959.712	7.176.505
Kommunisten	5.282.626	4.845.329

Hitlers Wort, »je größer eine Lüge ist, umso eher wird sie geglaubt«, hatte sich nur zum Teil bewahrheitet. Die heiß ersehnte absolute Mehrheit im Parlament war trotz des größten Propagandafeldzuges, den es bisher in der Geschichte gegeben hat, nicht erreicht. Von insgesamt 608 Sitzen im Parlament verfügte die Hitlerpartei nur über 230. Die Lüge war zu groß gewesen, die Propaganda zu plump, die Flammen des brennenden Reichstages loderten zu grell, um den politisch denkenden Massen nicht die Hintergründe der gewaltigen Propagandaflut zu erhellen.

Zwölf Millionen deutscher Arbeiter und Bürger wählten trotz der Reichstagsbrandlüge und Mordhetze, trotz des Verbotes der Presse, trotz Unterdrückung und schlimmster Verfolgung die sozialistischen und kommunistischen Abgeordneten und suchten, wie das gesamte Ausland, die Brandstifter dort, wo sie sich wirklich verbargen: in den Reihen der Nationalsozialistischen Partei. Erst nach neuen Verfassungsbrüchen, nach der Annullierung der kommunistischen Reichstagsmandate, später auch der sozialdemokratischen, konnte Hitler bald darauf den nationalen Geburtshelfern seiner Macht den Dank abstatten, sie aus der Regierung entfernen und am 30. Juni 1934 einzelne erschießen lassen. So erntete Goebbels, zwar spät, dennoch die Erfolge seiner Propagandaschlacht im März 1933 mit der großen historischen Lüge von der sozialistisch-kommunistischen Reichstagsbrandstiftung.

Die Giftlüge

Für die Zeit kommender Kriege und ihrer Vorbereitung durch die Hitlerpropaganda ist die Geschichte einer ihrer Lügen besonders lehrreich, da sie zeigt, welcher Mittel die Hitlerpropaganda fähig ist, um ihre politischen Ziele zu erreichen. Zur Zeit der wildesten Mordhetze gegen die deutsche Linke im März 1933 tauchte plötzlich in der nationalsozialistischen Presse die Behauptung auf, die Kommunisten hätten versucht, an politischen Gegnern Giftmorde zu verüben. Hier tritt wieder der ehemalige Nachrichtenoffizier des Generalstabs in der Hitlerpropaganda in Erscheinung, denn es war nicht das erste Mal, dass eine Giftlüge von Berlin aus verbreitet worden ist.

In den ersten Kriegstagen 1914 brachte das amtliche deutsche Telegraphenbüro folgende Meldung: »Heute versuchte ein französischer Arzt mit Hilfe von zwei verkleideten französischen Offizieren das Wasser eines Brunnens in Metz (damals deutsch) mit Pest- und Cholerabazillen zu vergiften. Die Verbrecher wurden erwischt und erschossen.« An der Meldung war kein Wort wahr, sie war eine Lüge, um den Hass und die Wut der deutschen Bevölkerung gegen die »feigen französischen Giftmischer« zu steigern. Die Meldung wurde später dementiert.

Am 1. März 1933 brachte der ›Völkische Beobachter‹ folgende Meldung über die angeblichen Giftmordversuche der Kommunisten: »In den aufgefundenen kommunistischen Schriftstücken ist sogar die Rede von der Verwendung von Gift in Speisen und Brunnen.«

Im Gegensatz zur Giftlüge von 1914 fehlt hier jede nähere Angabe über den Ort, die Täter und die Art des Giftes. Die Lüge wurde schlecht und übereilt in die Welt gesetzt. Wie sauber, detailliert war die Lüge von 1914 ausgearbeitet worden. Da wurde der Ort genau genannt und die Art des Giftes beschrieben, da wurden die Offiziere in Zivilkleider gesteckt, die Täter festgenommen und obendrein noch erschossen.

Bei einer solchen Fülle von Fakten musste es dem eingerückten Reservemann Seppel Eggelhuber aus Hinterwaldesheim schwer werden, nicht an die Bazillenverbreitung zu glauben. Wie flüchtig, geradezu schluderhaft arbeiteten die Leute des Meisterpropagandisten Goebbels, der von seiner Propaganda-Arbeit sagt: »Oft kopiert, nie erreicht.« Die neue Lüge enthielt fast wörtlich den Kern der Kriegslüge. »Brunnen sollten vergiftet werden.« Die hastigen Lügenfabrikanten übersahen, dass seit 1914 in Deutschland die Wasserversorgung von Wohnstätten wesentlich geändert war und in den Industriegebieten und Städten längst nicht mehr durch Brunnen, sondern durch gut organisierte Wasserleitungen erfolgt.

Die Lüge einer geplanten Brunnenvergiftung konnte höchstens in entlegenen Dörfern wirken, aber bei allen politisch interessierten Massen und besonders im Ausland nur das Gegenteil dessen hervorrufen, was beabsichtigt war. Die Meldung der »Brunnenvergiftung« musste und hat auch in diesen Kreisen sofort die Erinnerung an die »Brunnenvergiftung in Metz« wachgerufen, gleichzeitig damit aber auch die Erinnerung, dass es sich um eine freche, abscheuliche Kriegslüge gehandelt hatte. Die Lüge von der »kommunistischen Brunnenvergiftung« verschwand und tauchte nie mehr auf.

Aber eine neue Lüge musste erfunden werden. In der gleichen Nummer des ›Völkischen Beobachters‹ vom 1. März veröffentlichte die Hitlerregierung ein »Notgesetz«, das für unzählige Delikte die Todesstrafe festsetzt, darunter auch die »Beibringung von Gift«. Das Gesetz wurde am 28. Februar beschlossen, bevor irgendwann und irgendwo auch nur andeutungsweise die Rede davon war, dass da oder dort jemand versucht habe, einer Person Gift beizubringen. Zuerst wurde die Todesstrafe gegen »Giftbeibringung« beschlossen, dann die Lüge der »Brunnenvergiftung« erfunden, aber in der Eile schlecht und unhaltbar. Eine neue Lüge musste gefunden werden. Sie wurde von jemandem geliefert, der auch in der Affäre »Reichstagsbrand« Rat und Tat wusste: vom Generaloberst und Polizeiminister Göring selbst.

Noch am Abend des 1. März hält Göring eine Rede und versucht, den Regiefehler der Goebbelschen Propaganda wiedergutzumachen. Auch er spricht von angeblich geplanten Giftmorden, sogar breit und ausführlich, aber es fällt kein Wort mehr von dem »Brunnen«, der leicht dem Wissenden die Wahrheit verrät. Von diesem Brunnen ist nicht mehr die Rede, dafür erzählt aber Göring jetzt in seiner Rede, die über alle deutschen Sender verbreitet wird, folgende neue Lüge: »Bald danach wird eine Organisation der KPD aufgedeckt, die mit Gift vorgehen soll. Durch die Aufdeckung eines solchen Giftdiebstahls in Köln wurde offenbar, dass das Gift in Gemeinschaftsspeisungen der SA wie auch des Stahlhelms verwendet werden sollte.« (Zitiert nach dem ›Völkischen Beobachter‹ vom 2. März 1933, Berliner Ausgabe.) Am gleichen Tag lässt aber der Minister in dem unter seiner Kontrolle erscheinenden ›Amtlichen Preußischen Pressedienst‹ folgende neue – dritte – Version der Giftlüge verbreiten: »Geplant war die Vergiftung ganzer Gruppen besonders gefürchteter Personen.«

Wie sich der ›Amtliche Preußische Pressedienst‹ eine solche Massenvergiftung praktisch vorstellt, hat er für sich behalten. Ob er annahm, dass mit Hilfe der SA, SS, der Leibstandarte oder Adjutanten diesen »besonders gefürchteten Personen« das Gift beigebracht werden sollte, dem vegetarisch lebenden Hitler etwa im grünen Salat oder Rohgemüse, hat der ›Amtliche Pressedienst‹ bis heute nicht verraten, so wenig wie Göring die Führer, Funktionäre, Mitglieder der Giftorganisation genannt oder vor Gericht gestellt hat. Weder in den zahlreichen Prozessen gegen Kommunisten noch im Reichstagsbrandprozess, wo das Äußerste an Lügen von Spitzeln und Polizeiagenten vorgetragen wurde, noch in der bekannt gewordenen Anklageschrift gegen den Vorsitzenden der Kommunistischen Partei Deutschlands, Ernst Thälmann, noch in dem mit allen Mitteln geführten antibolschewistischen Propagandafeldzug ist je wieder ein Wort dieser Lüge aufgetaucht.

Wie 1914 Pest- und Cholerabazillen, drei Erschossene wieder spurlos verschwanden, so verschwanden nach der Wahl vom 5. März die vergifteten Brunnen, das in Köln (Giftaffären lässt die deutsche Propaganda grundsätzlich immer an der Westgrenze geschehen) gestohlene Gift und eine ganze, vom Polizeiminister selbst festgestellte Giftmordorganisation! An sämtlichen ungeheuerlichen Behauptungen war kein wahres Wort. Es war eine der vielen, aber nichtswürdigsten, schändlichsten Lügen, mit der die Hitlerpropaganda das deutsche Volk betrog. Unter den Rufen »Schlagt die Brandstifter! Zerstampft die Giftmörder!« schleppten die aufgestachelten SA-Kolonnen Tausende und Tausende von Unschuldigen in die Prügel- und Folterkeller.

Die Lüge hatte im Interesse des erstrebten, politischen Ziels – der Wahlen am 5. März – ihren Zweck erfüllt. Wie die Giftlüge 1914 half, das Heer der

Freiwilligen zu vergrößern, so half die Giftlüge 1933, das Heer der verängstigten kleinbürgerlichen Wähler für Hitler zu vermehren und den Stahlhelm wie andere nationale Verbündete so lange bei der Stange zu halten, bis man stark genug war, sie mit ähnlichen Lügen zu erledigen.

So folgt ein Gerücht dem anderen, so jagt eine Lüge die andere in der sicheren Erwartung, »etwas bleibt doch hängen«. Jede Lüge, jede List, jedes Mittel, auch das unsauberste und verbrecherischste ist recht, gut, heilig, wenn es nur nützlich ist und dem »Zweck dient«, das heißt, dem hitlerischen Pan-Germanismus hilft. Es ist anstrengend und ermüdend, Goebbels Schriften zu lesen; unaufhörlich, unermüdlich wiederholt er seinen Agenten an der Propagandafront: »Wenn mit der Propaganda der Zweck erreicht worden ist, dann ist das Mittel gut; ob es in jedem Falle nun scharfen ästhetischen Forderungen entspricht oder nicht, ist dabei gleichgültig. Der Zweck unserer Bewegung war, Menschen zu mobilisieren, Menschen zu organisieren und für die nationalrevolutionäre Idee zu gewinnen. Dieser Zweck ist erreicht und damit das Urteil gesprochen.« Alle Mittel, Dolchstoßlüge, Reichstagsbrand, Giftlüge und tausend andere Lügen, demagogische Versprechungen, Gewalt und Terror sind gut; sie haben geholfen, den Zweck zu erreichen, um »Menschen für die Partei zu mobilisieren«. Morgen werden neue Lügen, neue Reichstagsbrandstiftungen »gut« und »schön« sein, wenn sie nützlich sind, um Menschen zum Krieg gegen den Osten oder Westen zu mobilisieren.

Aber Goebbels vergisst einen Satz, den er selbst einmal aufgestellt hat, er begeht einen Fehler: Er lügt zu viel! Er lügt so viel, dass es selbst der Dümmste merkt.[3] Wenn der Führer, Goebbels, die Vertreter der deutschen Kriegsteilnehmer in allen Reden, Erklärungen, Eiden und Beteuerungen immer und immer wiederholen: »Wir wollen nur den Frieden und nichts als den Frieden. Unsere Armee mussten wir leider schaffen, aber nur, um uns zu verteidigen«, so glaubt diesen Beteuerungen kein Mensch in der Welt, denn ihm brennt im Herzen und Hirn ein anderes nationalsozialistisches Wort: »Es gibt zwei Arten von Pazifismus; einen echten Pazifismus, der aus schwächlicher, kranker Veranlagung und Verblendung entspringt, aber ehrlich gemeint ist, und einen geheuchelten Pazifismus. Dieser Letztere ist ein politisches Kampfmittel und dient geradezu der Kriegsvorbereitung. Indem er den Gegner mit Friedensphrasen einschläfert, sucht er ihn zu veranlassen, seine Rüstung zu vernachlässigen. Der einschläfernde Dunst, den er dem Gegner vormacht, ist denn auch geeignet, die eigenen Rüstungen zu vernebeln.«

---

3 Dr. J. Goebbels, ›Revolution der Deutschen‹, Seite 116: »Aber Ihr begeht einen Fehler: Ihr lügt zu viel; ihr lügt so viel, dass es selbst der Dümmste merkt ...«

Dem dieses Wort aus übervollem Herzen brach, ist kein einflussloser Provinzsekretär, vielmehr einer der mächtigsten Männer im Dritten Reich, einer aus der nächsten Umgebung des Führers, der Gebieter über die Erziehung von mehreren Hunderttausend junger Deutscher, die unter seinen Fahnen ihr erstes Rekrutenjahr abdienen: der bekannte Führer des deutschen Arbeitsdienstes, Oberst Hierl.

Die Hitlerpropagandisten sind wie der deutsche Generalstab überzeugt, dass »derjenige siegen wird, der am meisten lügen kann«.

Wie die Hitlerbewegung nicht in einem offenen, ehrlichen Kampf die Macht in Deutschland erobert hat, sondern sich durch eine Lüge erlistete, so hofft sie, ihre außenpolitischen Ziele mit den gleichen Mitteln erreichen zu können. Die Lüge, nicht das Schwert – außer dem des Henkers – ist die Waffe, mit der heute noch die Hitlerbewegung am meisten kämpft.

§ 10: Offensive der Gegenpropaganda

»DIE PROPAGANDA ist eine wahrhaft fürchterliche Waffe in der Hand des Kenners«, gestand Hitler in seinen Ausführungen über die Propagandamethoden in ›Mein Kampf‹. Im Verlaufe ihres Kampfes um die Machtüberlassung schreckte die Hitlerpropaganda nicht zurück, sich dieser Waffe bis zu den äußersten Möglichkeiten hemmungs- und skrupellos zu bedienen. Mit Propaganda köderte und lockte sie die Massen, spekulierte sie auf ihre Unbildung, Beschränktheit und ungenügende Erfahrung im politischen Kampf.

Mit Propaganda zauberte sie die Illusion des »Retters« und den »Mythos« der Bewegung, mit Propaganda betörte sie den »kleinen Mann«, erweckte sie die Vorstellung, als werde die Hitlerbewegung die Interessen der Nation vertreten, den Sozialismus und die Revolution durchführen, mit Propaganda bluffte sie den Gegner und überraschte, überfiel ihn durch ein Trommelfeuer, mit Propaganda brandmarkte sie angeblich Schuldige, verbreitete sie Lügen, mit Propaganda führte sie ihren Staatsstreich durch und verherrlichte sie den furchtbarsten Terror. Organisationen mit Millionen Mitgliedern wurden Werkzeuge dieser Propaganda, und alles, was die Hitlerbewegung unternahm, wurde zum Produkt der propagandistischen Künste, die das höchste Maß gerissenster Demagogie und tiefster Verlogenheit erreichten.

Mit Propaganda meint die Hitlerbewegung, Deutschland und das deutsche Volk erobert zu haben, mit ihrer Hilfe sich an der Macht halten zu können. Hitler glaubt, er habe die »Propaganda als Waffe« entdeckt und werde mit ihrer Hilfe seinen Krieg, den er unablässig vorbereitet, gewinnen können, der Europa nationalsozialistisch machen soll. Wie das Gebräu eines Doktor Eisenbart gegen alle Leiden helfen sollte, glaubt das Hitlersystem mit seiner Propagandawaffe alle Schwierigkeiten beseitigen zu können, die sich zu häufen beginnen und das System wirtschaftlich, innen- und außenpolitisch gefährden.

Das Hinschwinden der Rohstoffe und die ständige Ernährungskrise sollen durch die »Propaganda« verheimlicht werden. »Was uns fehlt«, rufen die Führer, »sind nicht Geld, Rohstoffe, Nahrungsmittel, sondern Propaganda, die den Massen glaubhaft macht, dass alles vorhanden ist. Wir brauchen Propaganda, immer mehr Propaganda.« Der SA-Gruppenführer Schöne brachte auf einer Tagung in Metgethen (Ostpreußen) die tiefe Überzeugung aller nationalsozialistischen Führer zum Ausdruck, indem er ausrief: »Wir haben es immer noch nicht gelernt, alles vom Standpunkt der Propaganda aus zu sehen. Die Propaganda muss daher mehr eingeschaltet werden.«

Die wenigen Versammlungen, die nationalsozialistischen Organisationen noch erlaubt sind, sollen nur der Propaganda dienen, der Anpreisung der nationalsozialistischen Wirtschaftspolitik, den »Segnungen der vier Jahre Hitlerregierung« und der während dieser Zeit gemachten »epochegestaltenden« Erfindungen. Unaufhörlich werden neue und immer größere Mittel für die Propaganda, besonders im Interesse der Bearbeitung des Auslandes, zur Verfügung gestellt, werden neue Stoßtrupps von Rednern und Propagandisten ausgebildet, Preise für neue Propagandatricks gestiftet. Aber irgendetwas stimmt nicht mehr, irgendetwas ist nicht mehr in Ordnung, irgendwie ist die Reklamemaschine in Unordnung geraten. Die Propaganda beginnt ihre aufrüttelnde, mobilisierende Wirkung zu verlieren.

Die Totalität der Propaganda wirft wohl den kleinen Mann um, aber gerade ihre Totalität hebt auch einen Teil der Propaganda wieder auf, denn der Mann, der schon mit einer Kleinigkeit unzufrieden ist, wird gezwungen, mit dem ganzen System unzufrieden zu sein. Ist er mit einer Einzelmaßnahme des Regimes in Widerspruch geraten, so muss er notwendig darauf stoßen, dass am ganzen System etwas nicht in Ordnung ist. Es sind aber längst nicht mehr nur Kleinigkeiten, die einen tiefen Eindruck auf die betörten Anhänger des Regimes machen. Die Totalität der Propaganda brachte es mit sich, dass nichts im Leben des Einzelnen von ihr verschont wird; überall stößt er auf die Auswirkungen, auf die Krallen der Propaganda. Diese Propaganda ist zu umfassend, als dass sie sich nicht zuletzt gegen ihre Urheber selbst wenden muss. Die Hitlerpropagandisten reden zu viel, schreiben zu viel, versprechen zu viel, sie lügen zu viel.

Die Hitlerpropaganda muss automatisch im Laufe einer gewissen Zeit eine Waffe gegen den Nationalsozialismus selbst werden. Die unaufhörlich wiederholte Lüge wendet sich gegen ihre Verbreiter, sobald sich die Wahrheit Bahn bricht. Gegen das System wirken die Versprechungen, die nicht erfüllt werden. Aber die Hitlerpropaganda will und kann ihre vielseitigen und vielfältigen Versprechungen gar nicht erfüllen, denn der Widerspruch zwischen dem imperialistischen Inhalt des Hitlersystems und der sozialen wie nationalen Demagogie seiner Propaganda ist zu groß und auf die Dauer trotz aller Propagandakünste unüberbrückbar.

Die Zeit ist gekommen, wo die Propaganda bereits nur noch mühsam das System zu tarnen vermag. Auch diese Entwicklung kündete Dimitrow in seiner großen Rede im Jahre 1935 an, indem er erklärte, dass die Partei der Faschisten nicht imstande sei, sich die Aufgabe der Beseitigung der Klassen und der Klassengegensätze zu stellen, eine der Ursachen für die Unsicherheit der faschistischen Diktatur bestehe darin, »dass der Kontrast zwischen der antikapitalistischen Demagogie des Faschismus und der Politik der räuberischsten Bereicherung der monopolistischen Bourgeoisie die Entlarvung des

Klassenwesens des Faschismus erleichtert und zur Erschütterung und zum Zusammenschrumpfen seiner Massenbasis führt«. Und deshalb ist die Feststellung richtig, dass etwas nicht stimmt, dass die Rechnung der Propagandisten nicht aufgeht.

Das zeigt sich bereits in der Tatsache, dass die verlogene Friedenspropaganda nicht mehr zu wirken beginnt. Um Zeit zu gewinnen, hat das Hitlerregime seine gewaltige Aufrüstung mit einer geräuschvollen Friedenspropaganda begleitet, die den Lärm der Waffen übertönen sollte. In den Jahren 1935 und 1936 hat die Hitlerpropaganda unter Aufbietung größter Mittel und mit frechster Demagogie versucht, die Hitlerregierung als die größte Friedensregierung anzupreisen, die angeblich »begrenzten« Aufrüstungen sollten ausschließlich Verteidigungszwecken dienen, die Hitlerregierung wolle nichts als den Frieden und nur den Frieden und sei bereit, mit einzelnen Staaten einen fünfundzwanzigjährigen Friedenspakt abzuschließen.

Hitler empfing selbst zahlreiche Delegationen, besonders ehemalige Frontkämpfer, und wiederholte die Friedensdemagogie und Beteuerungen seiner Propagandachefs. Es hat kaum ein Jahr gedauert, und die Welt erkannte die Unaufrichtigkeit und Verlogenheit dieser Friedenspropaganda. Nach dem riesigen Ausmaß der militärischen Aufrüstung Hitlerdeutschlands und ihrem ausgesprochen offensiven Charakter, nach den andauernden Versuchen zur Bildung eines faschistischen Kriegsblocks zwischen Deutschland, Italien und Japan, nach der Ablehnung jeder ernsthaften Teilnahme zur Lösung aller überstaatlichen Fragen im Rahmen eines kollektiven Friedens- und Sicherheitssystems und nach der militärischen Unterstützung der spanischen Rebellen und den barbarischen Exzessen deutscher Flieger in Spanien sind die Lügen der Hitlerpropaganda von der »Friedensbereitschaft und dem Friedenswillen« des Hitlerregimes als das erkannt worden, was sie wirklich waren und sind: als Tarnung des Hauptkriegstreibers und seiner Vorbereitungen für einen Angriffskrieg.

Auch die soziale Demagogie beginnt ihre betörende Wirkung zu verlieren. Die Arbeiter haben zu lange auf die Erfüllung der sozialistischen Versprechungen gewartet und beginnen an der Wahrheit der Versprechungen zu zweifeln. Die sich ständig verschlechternde wirtschaftliche Lage zwingt sie zur Erhebung von Ansprüchen und Lohnforderungen, die die Hitlerregierung als Sachwalter der großindustriellen Macht nicht gewähren kann. Die Widerstandsbewegungen und sogar betrieblichen Streiks nehmen zu.

Die Hitlerregierung hat aus Angst vor der Oppositionsstimmung bereits zum zweiten Mal die Vertrauensmännerwahlen verschoben. Die sonst anmaßende und überhebliche Hitlerpropaganda wagte es nicht, eine einzige Versammlung für Franco durchzuführen, sie sieht sich wie eine Diebesbande, nach Hehlermanier, gezwungen, die Unterstützung der spanischen Faschisten heimlich bei Nacht und Nebel durchzuführen.

Wie ernst die Hitlerbewegung die ablehnende Stimmung der Masse einschätzt und wir schwach sich die Hitlerpropaganda angesichts dieser Stimmung fühlt, beweist die Tatsache, dass es die Hitlerpropaganda im Jahre 1937 nicht mehr wagen konnte, den im Jahre 1933 mit so viel Lärm und Pathos verkündeten Staatsfeiertag des Ersten Mai auf dem Tempelhofer Feld durchzuführen, wo Hunderttausende von Arbeitern »anzutreten« hatten. Das System musste sich darauf beschränken, militärische Paraden vor geladenen Gästen im Lustgarten zu veranstalten. Der braune Propagandafirnis verblasst, und die rote Farbe der alten sozialistischen Bewegung leuchtet immer stärker in den Betrieben wieder auf.

Die Hitlerpropaganda findet kein Mittel, diesen Prozess zu verhindern, so wenig es ihr gelingt, die breite religiöse Oppositionsbewegung einzudämmen. Alle propagandistischen Tricks und Gewaltmaßnahmen gegen diese Bewegung verschärfen nur noch den Konflikt und treiben die protestantische und katholische Opposition dazu, noch schärfere Mittel, bis zum illegalen Flugblatt und zur offenen Demonstration, ja, zum Schulstreik, zu ergreifen.

Die große Masse, »der kleine Mann«, der am gläubigsten an Hitler hing, der zu ihm als zu seinem Retter, Führer, Messias aufblickte, beginnt zu zweifeln. Unter diesen Schichten hat die Hitlerpropaganda gerade im Winter 1936/37 eine ernste Niederlage erlitten. In den ersten Jahren des Regimes hat sich diese Masse immer noch über die Missstände und Korruption in Wirtschaft und Staat mit der Erklärung hinweggetröstet: »Der Führer weiß es nicht, und wenn er es wissen würde, wäre der Skandal bald beseitigt.« Diese Illusion ist verflogen.

Die Skandale sind zu groß und nehmen kein Ende, die nicht erfüllten Versprechungen sind zu zahlreich, um nicht gegen Hitler selbst zu wirken.

Die Grundstimmung des »kleinen Mannes« hat sich geändert, heute schon schreckt er mit seiner Kritik vor Hitler nicht mehr zurück, heute schon hält er ihn für einen der Schuldigen, bald wird er ihn dank des rein persönlichen, totalen Diktatursystems für den allein Schuldigen halten. Die Tatsache, dass die Hitlerpropaganda nur einem ausgewählten Kreis von Propagandisten eine pseudowissenschaftliche Bildung vermittelt, die mit der Wahrheit und den Resultaten der exakten Wissenschaften im krassen Widerspruch steht und sich sonst darauf beschränkt, die Massen für propagandistische Stoßaktionen mitzureißen, wird den Auflösungsprozess beschleunigen. Das zeigt sich heute bereits auch im Heer.

Die in Spanien gefangen genommenen nationalsozialistischen Freiwilligen brachen nach wenigen Stunden der Diskussion mit deutschen Antifaschisten moralisch zusammen und gaben Führer und Partei preis. Die Stimmung in den deutschen Kasernen (in Friedenszeiten!) ist trotz aller psychologischen Bearbeitung für das Hitlersystem schlecht. Die Armee, die Hitler in einen Eroberungskrieg zu führen versuchen würde, braucht keine vier Jahre, um moralisch zusammenzubrechen. Die Hitlerpropaganda bemüht sich, das Dritte Reich der Welt zuweilen als den gewaltigsten Staatskoloss vorzustellen. Ein Koloss wohl, aber ein Koloss, geschaffen durch die organisierte Propaganda, auf tönernen Füßen. Die Schwäche der Hitlerpropaganda zeigt sich auch in der immer stärker werdenden Durchschlagskraft der Gegenpropaganda, deren Flugblätter immer eifriger gelesen werden und auf deren Radioansprachen sich immer größere Kreise einschalten.

Mit dem Reichstagsbrandprozess, mit dem tapferen, heldenmütigen Auftreten Dimitrows, begann die Wendung in Deutschland. Seine Reden und Anklagen waren der erste kraftvoll geführte Stoß gegen die Hitlerpropaganda, und der Ausgang des Prozesses war die erste, der ganzen Welt sichtbare Niederlage des Hitlersystems.

Zuerst langsam, später stärker begann die Opposition trotz allen Verfolgungen sich wieder zu regen, sich zu sammeln, untereinander Verbindung aufzunehmen, den illegalen Kampf zu organisieren. Die zunehmenden Schwierigkeiten für das System, die selbstverschuldete Isolierung werden die Erfolge der Opposition steigern, umso mehr, wenn sie die Tücken und Schliche der Hitlerpropaganda aufdeckt und ihr eine klug geleitete, einheitlich organisierte, auch an Qualität starke Gegenpropaganda entgegensetzt.

Die Hitlerpropaganda konnte nur dort Terrain gewinnen, wo ihr nicht eine ebenso stark geführte Gegenpropaganda entgegentrat, wo dies aber der Fall war, wurde sie geschlagen. Die nach den Direktiven und mit den Methoden der Hitlerpropaganda arbeitende Henleinpartei in der Tschechoslowakei war solange im Aufstieg, als ihr nicht eine offensiv geführte Gegenpropaganda entgegengesetzt wurde; als das geschah, wurde sie in die Defensive gedrängt und griff zu Mitteln wie Versammlungssprengungen, weil sie der Erfolge öffentlicher Diskussionen nicht mehr sicher war.

Ein weiteres Beispiel dafür ist der Wahlkampf Zeeland-Degrelle im März/April 1937 in Brüssel. Gewiss hätte Zeeland auch sonst über seinen Gegner gesiegt, aber dass er mit einer solchen gewaltigen Mehrheit von 76 Prozent der Gesamtstimmen bei einer gesteigerten Wahlbeteiligung siegte, ist allein der Erfolg der starken, geschickt geführten Gegenpropaganda. Die Degrellepartei arbeitete, wie an anderer Stelle ausgeführt wurde, fast sklavisch nach den Anweisungen und Methoden der Hitlerpropaganda, deren aktive Unterstützung sie genoss.

Zum ersten Mal aber wurde dieser gellenden Riesenpropaganda eine Propaganda entgegengestellt, die klüger geführt wurde, größere Mittel und

Kräfte einsetzte, als es die Degrellepartei vermochte. Die Propaganda Zeelands war quantitativ und qualitativ der Degrelles weit überlegen. Der erste Propagandaerfolg war die Annahme der Herausforderung Degrelles, diese Antwort demonstrierte bereits Siegeszuversicht und Überlegenheit. Ein weiterer Erfolg, und zwar der entscheidende, bestand darin, dass es gelang, alle für die Demokratie eintretenden Parteien zu vereinen und alle Teile der Zeelandfront zu aktivieren. Bezeichnend ist dafür die Erklärung des Kardinal-Erzbischofs von Mecheln gegen Rex.

Geschickt formuliert waren die Wahlparolen der Zeelandpropaganda wie »Votez belge!« (»Wählt belgisch!«) und gut formulierte, freiheitliche und demokratische Parolen. Treffend waren auch die Bezeichnungen für den Gegner: »Rex ist der Krieg«, »Ist Rex im Land, ist Krieg im Land«, »Rex wird siegen, aber in Berlin«. In Nachahmung der Rex-Zeitung: ›Le Pays Réel‹ wurde ein Witzblatt ›Le Pays Ré-heil‹ herausgegeben. Eine andere Zeitung trug den Titel: ›La Voix de Berlin‹ – »Die Stimme von Berlin«, und wo immer Rex-Redner auftraten, scholl ihnen der Sprechchor katholischer und sozialistischer Jugendlicher entgegen: »A Berlin, à Berlin.«

Die demokratische Front verstand es, Degrelle, der den »Führer« nach dem Vorbild Hitlers spielte, lächerlich zu machen, und so wurde aus dem Versuch, den Mythos eines belgischen Führers zu schaffen, eine Spottfigur. Esel, Kamele und Ziegen wurden durch Brüssel geführt. Die Tiere trugen Schilder: »Ich stimme für Degrelle, weil ich ein Esel bin«, »Alle Kamele stimmen für Degrelle«. Die Ziegen verkündeten »Meck, meck, meck, Degrelle«.

Die Propaganda der Zeelandseite überwog nicht nur an Witz, Geist, Stoßkraft und Technik, sondern auch an Ausmaß bei Weitem die Degrellepropaganda. Man setzte riesige Propagandaautos, versehen mit Lautsprechern und Grammophonen, ein, ließ Filme laufen, mobilisierte fliegende Flugblattkolonnen, machte Massenauflagen der Zeitungen, veranstaltete Diskussionen auf den Straßen und Plätzen, hielt große Massenversammlungen ab. Mietete Degrelle eine Plakatsäule, plakatierte die Zeelandseite sofort die Fläche einer Wand oder Fronten mehrerer Häuser.

Von entscheidender Bedeutung aber war es, dass die Degrellepartei nicht das Mittel einsetzen konnte, das die Entscheidung der Hitlerpropaganda in Deutschland brachte, die Gewalt. Sie konnte weder mit Gewalt die gegnerischen Versammlungen noch die tödlich wirkenden ironischen Plakate, Zeitungen und Tierpropaganda verhindern. Als Degrelleleute den Versuch zu Gewalt und Provokationen machten, wurde das Mittel der Gewalt rücksichtslos gegen sie selbst angewandt, und in den Tagen vor der Wahl und am Wahltag selbst wurden zahlreiche Degrelleredner verjagt und Dutzende Werbewagen der Degrellepartei umgeworfen. Die entscheidenden Mittel der faschistischen Propaganda sind Terror und Gewalt; der Erfolg einer wirksamen Gegenpropaganda wird wesentlich davon mitbestimmt, in welchem Umfang es gelingt, die Anwendung dieser Mittel der faschistischen Propaganda zu verhindern, wenn notwendig, zu brechen.

Am Morgen des Wahltages wurden Särge durch die Stadt getragen mit der Aufschrift »Rex« oder »Rex selig entschlafen«, um in dieser Weise Siegeszuversicht und Siegesgewissheit für die Zeelandseite zu demonstrieren. Versuche der Degrellepartei, ähnlich wie der Frontisten in Bern, gefälschte kommunistische Parolen an die Wände zu malen und Flugblätter mit dem gefälschten Text »Es lebe Stalin, es lebe die blutige proletarische Diktatur, es lebe Zeeland« herauszugeben, wurden bereits, ehe die Blätter die Druckerei verlassen hatten, dank der Wachsamkeit der Arbeiter als Fälschungen festgestellt und ihre Verbreitung verhindert. Die Wachsamkeit, die unermüdliche Attacke, das Prinzip des Angriffs, das Ausmaß der Propaganda, die aufgewandten Mittel trugen dazu bei, in einem Volksentscheid den Vorstoß der Hitlerpropaganda durch die Rexpartei zu schlagen und den Kräften einen überwältigenden Sieg zu sichern, die die Demokratie, die Freiheit und den Frieden auf ihre Fahnen geschrieben haben.

Der Wahlkampf in Brüssel beweist, dass eine wirksame Gegenpropaganda die Hitlerpropaganda schlagen kann, und andererseits eine richtige Politik nur siegen kann, wenn ihre Ideen durch eine gute Propaganda die Massen erfassen und aktivieren.

Der Kampf der Spanischen Republik für die Verteidigung ihrer Freiheit und Demokratie war im Juni 1936 ebenso gerecht wie im Mai 1937, aber erst als die Spanische Republik dazu überging, außer dem militärischen Kampf in Spanien die Gegenpropaganda in der Welt gegen die nach Hitlermuster geführte Rebellenpropaganda zu führen, und erst nachdem große internationale Organisationen ihre Propaganda für Madrid mobilisierten, wurde das Interesse der Weltöffentlichkeit für den spanischen Freiheitskampf erweckt und eine große internationale Unterstützung ermöglicht. Die heiße Welle der Sympathie und Teilnahme in allen Ländern für Madrid war so groß, dass der Versuch der Hitlerpropaganda, die Vorgänge in der baskischen Stadt Guernica zu fälschen und die Verbrechen der deutschen Flieger den baskischen Milizen anzudichten, kläglich scheiterte.

Entgegen dem Versuch der Hitlerpropaganda, es so darzustellen, als ob Guernica von den baskischen Milizen angezündet worden sei, ist die Weltmeinung einstimmig, wie sie Eden im Unterhaus am 3. Mai zum Ausdruck brachte: »Nach den Informationen, die wir bisher erhalten haben, scheint es, dass es sich um ein besonders beklagenswertes Beispiel von Bomben und Maschinengewehrfeuer aus der Luft handelt.«

Zu der Niederlage, die die Sturmbataillone der Madrider Milizen und der Internationalen Brigade italienischen und deutschen faschistischen Truppen bei Madrid bereiteten, gesellt sich die Niederlage der Franco- und Hitlerpropaganda bei ihrem Versuch, die Welt über den Charakter des spanischen Krieges, über die Schuldigen und einzelne Kampfhandlungen irrezuführen. In seinem Aufsatz zum 1. Mai 1937 schrieb Dimitrow treffend: »Schon die ersten ernstlichen Niederlagen, welche die faschistischen Interventionisten in Spanien erlitten haben, besonders bei Guadalajara, haben den Vorhang gelüftet, der die innerliche Fäulnis, die Gegensätze und Unstabilität des faschistischen Regimes verdeckt, und haben zur Verstärkung der antifaschistischen Stimmung in Italien und Deutschland geführt.«

Die Frage, ob und in welchem Ausmaß eine Bewegung oder Partei Propaganda entwickelt, wird nicht allein von ihrem Entschluss bestimmt, für ihre Ziele und Ideen Propaganda zu machen, sondern im Wesentlichen mitbestimmt von Stärke und Umfang der gegnerischen Propaganda.

Kein Volk, dessen nationale Unabhängigkeit und staatlicher Bestand durch die ununterbrochene, unterirdische Wühlarbeit der Hitlerpropaganda bedroht ist, kann gegen eine solche Tätigkeit passiv bleiben, ebenso wenig vermögen es die Massen des unterdrückten deutschen Volkes, die, um in ihrem Kampf für Freiheit und Demokratie vorwärts zu kommen, zunächst die erste und mächtigste Stellung des Gegners, seine organisierte Propaganda, überwinden müssen. Eine Offensive der Gegenpropaganda ist nicht nur als nächster Zug in dem großen geschichtlichen Ringen zwischen den faschistischen Unterdrückten und den Unterdrückern notwendig, sondern birgt, wie zahlreiche Beispiele bereits zeigen, die Möglichkeit des Erfolges und Sieges in sich.

Für die anti-hitlerische Gegenpropaganda trifft zu, was der große deutsche Dichter Thomas Mann Anfang Mai 1937 in einer New Yorker Konferenz deutsch-amerikanischer antifaschistischer Organisationen sagte:

»Wir haben es erlebt, dass es falsch ist, den Mächten des Bösen und der Gewalt allein die Offensive zu überlassen, es ihnen zu überlassen, die Mittel moderner Propaganda zu ihrem menschenfeindlichen Nutzen zu verwenden. Die Weltlage verlangt, dass der Geist seiner angeborenen Milde und Lässigkeit zum Trotz zu kämpfen und sich zu wehren lernt.«

Auf dem Schlachtfelde der Propaganda hat die für den gesamten anti-hitlerischen Kampf gültige Forderung eine besondere und aktuelle Bedeutung: Angreifen, Angreifen und nochmals Angreifen.

~ ENDE ~

Über den Autor

WILLI MÜNZENBERG (1889–1940), aus relativ einfachen Verhältnissen in Erfurt stammend, stieg Ende der 1920er Jahre mit Unterstützung Lenins und der Kommunistischen Partei in Deutschland zu einem einflussreichen Verleger auf, der mit seinen Presseerzeugnissen – am bekanntesten die ›Arbeiter Illustrierte Zeitung‹ – die aufkommenden Nazis bekämpfte. Von 1924 bis 1933 gehörte Münzenberg dem Zentralkomitee der KPD und als Abgeordneter dem Reichstag an. Als Propaganda-Chef der ›Kommunistischen Internationale‹ baute er das nach dem deutschnationalen Hugenberg-Konzern zweitgrößte Medienunternehmen der Weimarer Republik auf. Weil er nicht immer auf Parteilinie lag und bisweilen auch sozialdemokratische Ideen gut hieß, wurde Münzenberg im Jahr 1938 – damals schon im Pariser Exil – aus dem Zentralkomitee der KPD ausgeschlossen, und trat 1939 selbst aus der Partei aus.

Nach der ›Machtergreifung‹ Hitlers war Münzenberg als einer der meistgesuchten Widerstandskämpfer ins Exil nach Paris geflüchtet. Die von ihm herausgegebenen Zeitungen, Zeitschriften und eine Buchgemeinschaft wurden in Deutschland noch im Jahr 1933 verboten. Im selben Jahr verurteilten ihn Nazi-Richter in Abwesenheit zum Tode. Als die Nazis schließlich auch Frankreich überrollten, versuchte sich Münzenberg nach Süden in Richtung Marseille abzusetzen, doch auf der Flucht dorthin wurde er ermordet. Seinen Leichnam fand man am 17. Oktober 1940 nahe dem Dorf Montagne in der Region Auvergne Rhône-Alpes – vermutlich erwürgt mit einer Schnur, die noch um seinen Hals lag. Wer die Täter waren, konnte nie aufgeklärt werden.

© Redaktion AuraBooks, 2021